Maria José Martins de Azevedo

A OFICINA DO PSICANALISTA

Ensaios sobre a experiência psicanalítica

TÍTULO: *A Oficina do Psicanalista – Ensaios sobre a experiência psicanalítica*
AUTORA: Maria José Martins de Azevedo
PREFÁCIOS: António Coimbra de Matos e Lúcia Monteiro
POSFÁCIOS: Jorge Câmara e Jorge Gravanita
2.ª edição corrigida e aumentada: outubro de 2021, 220 p.
1.ª edição portuguesa: *A oficina do psicanalista – Ensaios sobre a experiência psicanalítica*, Lisboa, Calçada das Letras, 2017, 190 p.
Traduções publicadas:

L'Atelier du Psychanalyste – Essais sur l'expérience psychanalytique, Traduit du portugais par Maria João Coutinho, Editions Mers du Sud, Angoulême, 2020, 236 p.

The Psychoanalyst's Workshop – Essays on psychoanalytic experience, translated from Portuguese by Inês Faria, Editions Mers du Sud, Angoulême, 2020, 220 p.

Atelierul Psihanalistului – Eseuri despre experienţa psihanalitică, traducere de Simion Doru Cristea şi Ana Passarinho, Cluj-Napoca, 2020, 214 p.

Coordenação editorial: Sálvio Nienkötter
Editor executivo: Marcos Pamplona
Editora assistente: Isadora M. Castro Custódio
Projeto gráfico: Simion Doru Cristea
Produção: Cristiane Nienkötter

Dados Internacionais de Catalogação na Publicação (CIP)
Angélica Ilacqua CRB-8/7057

Azevedo, Maria José Martins de
A oficina do psicanalista : ensaios sobre a experiência psicanalítica / Maria José Martins de Azevedo. --
Curitiba: Kotter Editorial, 2021.
220 p. 17 x 24 cm

Bibliografia
ISBN 978-65-5361-015-6

1. Psicanálise I. Título

21-5156 CDD 150.195

Kotter Editorial
Rua das Cerejeiras, 194
82700-510 | Curitiba/PR
+55 41 3585-5161

Maria José Martins de Azevedo

A OFICINA DO PSICANALISTA

Ensaios sobre a experiência psicanalítica

Prefácio
António Coimbra de Matos

2.ª edição corrigida e aumentada

KOTTER EDITORIAL
Curitiba
– 2021 –

A autora adverte que, quer as personagens que aparecem neste livro quer as situações descritas quer, ainda, a referência a quaisquer instituições retratadas, pertencem ao universo da ficção, pelo que não têm qualquer correspondência com a realidade.

A autora segue o Novo Acordo Ortográfico.

ÍNDICE

PREFÁCIOS

CRESCER NOVAMENTE

António Coimbra de Matos

A *Oficina do Psicanalista*, de Maria José Martins de Azevedo, mostra-nos como o enlace de um novo modo de relação interpessoal – *a nova relação* – determina a retoma do desenvolvimento suspenso e no seu percurso a mudança relacional e identitária, tendo em resultado a cura imanente. Tratamento etiológico, sucesso garantido: decaída progressiva até à extinção da enfadonha e estrangulante relação patogénica pelo impacto concorrente da expansão da vivência da divertida e estimulante relação sanígena; pois assim germina a semente – no húmus da relação terapêutica complementarmente responsiva brota a identidade idiomórfica até então enclausurada e ressequida.

Crescer novamente, crescer de novo, crescer como novidade – *inovado*; e não, renovado; muito menos, repetido ou em continuidade. Crescer com novos hábitos, novo modo de regular as emoções próprias, nova maneira de se relacionar com as outras pessoas – mais direto e menos defensivo, mais autêntico e mais exigente de autenticidade nos outros, mais livre mas mais responsável, mais determinado mas mais reflexivo, mais ativo mas mais ponderado, mais crítico e mais criativo; mais generoso, mais corajoso e mais ousado; fazedor de novos e melhores mundos, que, se não ele, outros habitarão – porque só assim cumpre o seu destino, o de construtor do Universo de Cultura.

A Oficina do Psicanalista é o imaterial cadinho onde, na nudez cálida da intimidade subjetiva, se depuram os mais elevados sentimentos do espírito humano, a admiração e a compaixão, seja, a expressão sublime do amor humano.

Mais não digo. Verti o perfume do livro de Maria José. Ao leitor, deleitar-se com a forma, saborear o conteúdo e absorver a essência.

Porque, sim, se a cura psicanalítica for um outro crescimento, então será uma cura. De contrário, o analisando sai apenas retocado, remendado ou até mais esburacado – a emenda é pior que o soneto, a cura agrava a doença, o efeito não é terapêutico, mas iatrogénico.

Portanto, este livro é também um aviso à navegação, farol que ilumina o espaço facilitando ao piloto a escolha da rota. O psicanalista, como aqui está implícito, não é um guia, menos ainda um mentor; tão-somente, o luminar que regula a chama.

A psicanálise, como a psicoterapia psicanalítica, abre a possibilidade, se para tanto houver engenho e arte – inteligência e sensibilidade, sabedoria e imaginação –, empenho e iniciativa – vontade e ação –, oferece a oportunidade, dizemos, de reavaliar as vivências emocionais e reformular as estratégias relacionais. O medo e a raiva resultantes das experiências traumáticas de outrora, e no fluxo da relação analítica reemergentes, são agora analisados em pormenor e, entretanto, a sua energia tóxica escoada por dissipação; enquanto novas experiências emocionais se vivem e outros modos de relação se encetam, treinam e consolidam. A revolução em marcha, uma vez completada a viragem, segue como evolução contínua: os instrumentos e a técnica de uma nova vida foram adquiridos, é só utilizá-los.

O conjunto eleito: liberdade e cooperação. O resultado antecipado: mais liberdade, melhor cooperação.

E assim se processa – como exsuda da leitura desta obra – uma psicoterapia dinâmica: o paciente em liberdade de se exprimir e comunicar (pela fala, gesto, mímica e reação emotiva), porque confia no desejo espontâneo e incondicional de compreender, partilhar e responder do analista, abre-se à relação de *colaboração psicanalítica* (colaboração do analisando com o analista na análise e transformação do modo relacional do paciente), tarefa nuclear e eixo de rotação da cura analítica.

Mais conhecida pela designação de aliança terapêutica ou aliança de trabalho, a colaboração analítica faz do psicanalista o mestre da oficina, o profissional da cirurgia da alma. Deixando à transferência a exposição da ferida; e assumindo-se como maestro na regulação da nova relação.

Eis em teoria e na prática o funcionamento da terapia analítica: o triângulo mágico da psicanálise, qual êmbolo rotativo de motor de explosão especial (caído em desuso) ou o triângulo semiótico do significado (conceito, símbolo e referente) – o giro entre colaboração analítica, transferência e nova relação (como na semiologia, a primeira tem relação direta com a segunda e a terceira, mas as duas últimas só se relacionam através da primeira), estando o fulcro na aliança terapêutica. Verdade universal para toda e qualquer terapia, a centralidade da aliança no trabalho não escapa à autora desta coletânea de artigos – não fora ela uma investigadora atenta e uma executante hábil.

E é esta aliança, esta cooperação para o conhecimento de si, do outro e dos seus relacionamentos pessoais que o paciente explícita e/ou implicitamente espera e busca ou evita e recusa – consoante a sua atitude positiva ou negativa, aberta ou fechada – e que o analista aceita, oferece e promove, pois sabe que é por e com ela que o novo crescimento começa e se desenvolve.

A cura analítica está para a história do analisando como o Renascimento para a história do Ocidente. Não é pouco.

Mas para que este renascimento seja o florescer de uma nova e diferente Primavera – nova e *diferente*, sublinho – uma coisa é necessária: a identificação empática com o paciente, com o seu sentir (*o toque das almas*, como em tempos teorizei[1] «tocou-me na alma, no coração»), como quando nos identificamos com a personagem de um grande romance (e a Medicina Narrativa mostra-nos que ouvir atentamente a história do doente aproxima afetivamente o médico). Então, mas só então, a memória e o passado dão lugar ao desejo e ao futuro: saltamos do medo para a esperança e da raiva para a determinação, da dor para o entusiasmo e da saudade para a criação.

O além promete, o aquém apodrece. A vontade do paciente e do analista, de ambos, é a de resgatar o projeto original de cidadão livre, solidário e criador – outra não é a protenção e ação télica que informa e enforma a obra aqui e agora prefaciada. Da leitura destes textos capta-se também a presença implícita da

1 «O toque das almas» – In *Nova Relação*, A. Coimbra de Matos (2016), Lisboa, Climepsi.

capacidade de regular emocionalmente os outros e ser por eles regulado, capacidade humana reitora do desenvolvimento sócio afetivo e dote essencial do psicanalista, como de todos aqueles que têm por missão primaz cuidar de pessoas pais, professores e terapeutas.

Leiam e meditem.

O cérebro humano não foi feito para viver a mentir; por isso, em ambiente social manipulador ou se rebela ou adoece, consoante predomina a raiva ou o medo. E tudo dependerá da forma como vai gerir a afirmação pessoal ou a submissão:

(1) da assertividade à insubordinação passando pela resistência ou

(2) do evitamento ao colapso mental passando pela depressão. São as reações elementares de ataque/fuga e morte aparente/tempestade motora e os comportamentos adaptativo-defensivos obsessivo-compulsivos e histero-fóbicos. Quando o ambiente humano é oportuna e adequadamente responsivo, o cérebro social e o comportamento desenvolvem-se – é o que acontece na relação terapêutica como nova relação. A *nova relação* é o segredo e a alma da parada triunfante: na vida, na análise e no amor.

Lisboa, 26 março 2017
António Coimbra de Matos

CARTA-PREFÁCIO

Querida, Maria José

A leitura do seu trabalho foi, para mim, uma bonançosa oportunidade. Assim, como na cena dos relatos clínicos compartilhado no seu Livro: *A oficina do Psicanalista – Ensaios sobre a experiência psicanalítica*, você, Maria José, se faz presença intencionada para seus leitores.

Em suas comunicações reflexivas, plenas de integridade, embasadas no saber vividamente pulsante da experiência clínica (clínico/teórico), afeita a oferecer: presença implicada, lugar sustentador, criador e acolhedor da vida – o útero mental, como bem coloca o nosso amado mestre, Coimbra de Matos; convoca-nos, com delicadeza e maestria, como testemunhas de sua arte psicanalítica, frente aos complexos casos clínicos apresentados e como eles o novo paradigma da psicanálise: constituir no intra-mundos a relação sã e sanígena, própria do tempo kairós – condição sem a qual o trabalho terapêutico não acontece em essência e plenitude.

Parabéns por seu trabalho, em essência, é poesia viva do amor oblativo, que transborda em humanidade acrescida.

Segue meu reconhecimento e um caloroso abraço.

Que o melhor sempre lhe aconteça.

Lúcia Monteiro

Psicanalista, Salvador - Bahia, Brasil

INTRODUÇÃO

O PSICANALISTA NA SUA OFICINA

Reúno neste livro alguns estudos decorrentes, não só da minha formação e da minha experiência em psicanálise e em psicoterapia psicanalítica de crianças, de adolescentes e de adultos, mas também da experiência de formadora e de supervisora de psicoterapeutas e de candidatos a psicanalistas. Poderá o leitor encontrar nestes estudos os pontos de vista do psicanalista, sem omitir aqueles do psicanalisando, do formador e também do formando, no contexto da psicanálise, da psicoterapia e da formação, na relação em construção para a qual contribuem uns e outros criativamente.

O título deste livro foi-me sugerido pelo sonho de uma paciente no final de um processo psicanalítico, sonho que assinalou uma mudança radical na sua atitude perante a vida, o apoderamento das suas competências pessoais, as quais lhe eram desconhecidas no início do processo terapêutico e assinalou o início de um movimento de desenvolvimento sem retorno na sua vida.

A paciente fora uma mulher submissa e recebera, no final da análise, um convite formal para um cargo de coordenação para o qual estava visivelmente preparada, pois já desempenhava aquelas funções, embora não se sentisse com capacidade para aceitar o compromisso. Na véspera do sonho, havia sido confrontada com uma situação de tensão na equipa que liderava e fora capaz de colaborar ativamente na solução do problema. Nessa noite sonhara que estava numa oficina, um misto da sala de reuniões do seu trabalho com a sala do consultório da psicanálise. Naquele espaço, que sentia ser, no sonho, a sua oficina, tinha à sua disposição os instrumentos de que necessitava, quer para fazer novas construções quer para efetuar reparações. Mais importante do que tudo, assinalava o sentimento de prazer e de se sentir capaz de as fazer. Embora se representasse sozinha, no sonho, não se sentia efetivamente só. No dia seguinte, contou o sonho com visível satisfação, interpretando-o no sentido de se sentir capaz de contar consigo própria e de ter agora os instrumentos necessários para pensar e para lidar com a sua vida. Sentia-se capaz de aceitar o desafio que lhe havia sido posto no trabalho e capaz de resolver os problemas da sua vida. Os instrumentos que haviam sido criados e disponibilizados na análise, representados no sonho, tais como serras, pregos, alicates, chaves de fendas, etc., eram dela e estavam consigo para a acompanharem na sua vida. Tudo se passara na oficina da sua relação com o analista, a qual fora interiorizada de forma perene e criativa.

Na metáfora «oficina» estão implícitos elementos que o leitor deverá ter em conta: entre eles, destacamos o saber, a personalidade, bem como as atitudes cuidadora e investigadora que o analista coloca à disposição do paciente – o seu armamentário, como diz Bollas – o contributo, o uso e as transformações que o analisando opera nela e sobre ela e, ainda, a qualidade de disponibilidade não intrusiva, reparadora e livre, implícitas naquela designação.

A ordenação dos artigos não se fez segundo a ordem cronológica da sua criação, mas antes procurou respeitar as suas temáticas específicas. Mantive os textos com a sua composição original, tendo em conta sobretudo a sua essencialidade, facto que contribuirá também para uma perspetiva do analista no tempo.

A organização do livro, em seis capítulos e um apêndice, decorre de uma divisão temática e de uma ordenação que reparte os artigos de maior explanação teórica, por um lado, e os de cariz mais clínico, por outro. Estes ilustram e complementam aqueles. As patologias em foco são essencialmente as ***borderline*** e as psicóticas, nas quais incluí os desenvolvimentos psicossomáticos, narcísicos, bem como o que se refere ao espectro do autismo.

Assim, no primeiro capítulo, o qual dedico à supervisão, irei desenvolver uma reflexão sobre a supervisão colocando-me, no lugar de supervisor num contexto de psicanálise e de psicoterapia psicanalítica.

Na segunda parte deste capítulo, colocar-me-ei no lugar de supervisanda, o qual antecedeu e foi o cadinho onde fermentou a massa da identidade futura de supervisora. Iniciei-o com uma nota apresentada aquando do lançamento do livro *O Desespero* (2002), do Doutor António Coimbra de Matos, para cuja apresentação ele me chamou a integrar a mesa, minutos antes do evento, como «co-autora e colaboradora». Recordo, não só o inesperado convite, como também o meu acanhamento. Partilhei um texto que tinha escrito, pensava eu, só para ele. Conservei-o tal como foi concebido, pois traduz bem o que ainda hoje considero serem os ingredientes básicos da oficina do supervisor: a sabedoria e a generosidade do supervisor ao serviço do supervisando e do seu paciente, a relação de afeto estabelecida, o crescimento da dupla supervisor-supervisando e da tripla supervisor-terapeuta-paciente, com o paciente ao centro.

O segundo capítulo é dedicado às questões da responsabilidade terapêutica e da criatividade da dupla paciente-terapeuta. Na segunda parte deste capítulo apresentarei o caso da psicoterapia analítica de uma criança autista, pois considero que, se o terapeuta, no seu lugar de novo objeto, cuidador e sanígeno, tem a responsabilidade maior sobre o processo, no caso da análise de crianças e no caso de pacientes sem um «eu» ainda formado, integrado ou existente, essa responsabilidade é máxima e, também, a criatividade emergente, como propriedade do par analítico, é exponenciada. Uma nota mais sobre este texto: ele foi integrado no livro *O Desespero*, do Doutor António Coimbra de Matos, a seu convite, umas semanas depois de o ter a ele apresentado, pela primeira vez, relatando-lhe um percurso terapêutico no seu término. Ouvira-me com muita atenção e curiosidade, como sempre e, no final, dissera-me: «escreva isso». Após a leitura, quis publicá-lo.

No capítulo seguinte, o terceiro, abordarei os temas da perda e da transformação na relação psicanalítica, desenvolvendo na primeira parte aspetos teóricos, suportados pela ilustração do caso de um adulto que fizera um percurso psicanalítico em criança. Essa primeira análise é o objeto da segunda parte deste capítulo.

Os capítulos quarto e quinto são independentes, versando o quarto sobre psicossomática e, o quinto, sobre o narcisismo. Uma nota quanto a este último: o texto foi escrito para integrar o primeiro número de uma revista científica da especialidade que não chegou a constituir-se. Na época o DSM em vigor era o número quatro e, como refiro no âmago do texto, conservo a referência a este inalterada.

Dedico um capítulo exclusivo a uma entrevista imaginária com Donald Winnicott num espaço imaginário criado por mim, o qual intitulei de ***hologramoteca***.

O livro termina com um apêndice que é um depoimento de uma criança que segui em psicoterapia psicanalítica. Ele resume, quanto a mim, as principais lições a reter sobre o que é este processo. Alegra-me ver como uma criança, no lugar de paciente, expõe com tanta clareza o que acontece na *oficina do psicanalista*, como se sente enquanto está lá, as diferenças que nota em si, antes, durante e depois do encontro.

CAPÍTULO 1

DE SUPERVISANDA A SUPERVISORA

Uma reflexão sobre a experiência de supervisão

A supervisão constitui uma das partes do modelo tripartido de formação psicanalítica de Eitingon. Este modelo inspira o modelo de formação e de treino em psicanálise e em psicoterapia psicanalítica fundando, conjuntamente com a formação teórica e com a psicanálise ou a psicoterapia psicanalítica do terapeuta, um dos seus pilares formativos. No meio analítico, a supervisão tem vindo, recentemente, a merecer muito mais atenção e sido objeto de estudo e de investigação. É-lhe, progressivamente, reconhecida a sua centralidade na construção da identidade do analista ou do psicoterapeuta.

Trata-se, em primeiro lugar, de uma relação humana que pretende ser de transformação e de crescimento. Transformação de ambos os parceiros envolvidos: o que anseia aprender o ofício de terapeuta – o supervisando – e o que anseia facilitar o processo de aprendizagem – o supervisor.

Relação entre complementares, dela espera-se o crescimento das partes envolvidas no encontro entre a maior responsabilidade, a experiência, a reflexão, o conhecimento teórico e o manejo da técnica por parte do supervisor, bem como a juventude, o impacto e a surpresa da iniciação na profissão, por parte do formando.

Dependente de ambos os parceiros da interação, a supervisão é conconstruída numa relação em que a intersubjetividade criada na parceria terapêutica encontra a intersubjetividade criada com a subjetividade, a experiência e o corpo de conhecimentos do supervisor. Na sessão de supervisão estão ainda presentes, em meu entender, vários subsistemas intersubjetivos, que não estão explícitos numa análise ou numa terapia, e que podem ser causadores de conflito, de ansiedade e de constrangimento. Relevam-se, da parte do supervisor, o seu duplo papel de professor e de psicanalista ou de psicoterapeuta mais experiente (figura parental ou fraternal) com duplas funções de avaliação e de mutualidade, ou de certificação versus construção de competências. Relevam-se, da parte do candidato, o subsistema intersubjetivo da relação com o seu terapeuta, e ainda, quando é caso disso, o subsistema meio institucional de ensino em que a supervisão ocorre.

A aliança para a aprendizagem, como focam Fleming & Benedek (1964), ou a experiência do aprender fazendo, como designa Ekstein e Wallerstein (1972), que ocorre na sessão de supervisão desencadeia, tal como na psicanálise ou na psicoterapia, experiências íntimas e afetivas profundas. Na supervisão tomam parte os vividos transferenciais e as resistências do paciente na relação com o supervisando com as suas complicações, como, por exemplo, a clivagem e a projeção da transferência sobre o supervisor, os vividos contratransferenciais notados e não notados pelo formando, a contratransferência do supervisor, etc.

A supervisão é uma atividade com muitos pontos em comum com a tarefa psicanalítica. Opera em múltiplas camadas, como sublinha Ogden (2005), em simultâneo com a escuta do conteúdo reportado e o desenvolvimento terapêutico no processo de supervisão. A supervisão oferece a possibilidade de reviver, num meio empático, compreensivo e contentor, no sentido de Bion (1962), as ansiedades da sessão terapêutica e as emergentes relativas ao processo da supervisão.

Todavia, concordo com Amati Mehler (2000) quando afirma que a psicanálise ou a psicoterapia psicanalítica, e a supervisão, são processos diferentes: embora ambos promovam o desenvolvimento e a expansão da mente, a confusão entre ambos só é propiciadora de perturbação. A psicanálise e a psicoterapia psicanalítica dirigem-se, em maior ou menor grau, à mudança estrutural, suprem os défices do passado, corrigem a deformação, retomam o desenvolvimento suspenso. A supervisão, por seu lado, promove o conhecimento, a aprendizagem e a criatividade, ensina a refletir e a procurar o saber, a tolerar o não saber e o insucesso.

Contudo, por vezes, a supervisão tem efeitos iatrogénicos – o supervisor é temido, idealizado ou denegrido, persegue, infantiliza, denigre o supervisando – e, por esses motivos, faz adoecer. É uma supervisão que não só não cumpre os seus objetivos, como os deforma. No lugar onde deveria brotar o entusiasmo e a liberdade para investigar, irrompe o seu correlato nefasto: a ansiedade e a paralisia mental, a inibição, a tibieza, a perda de criatividade, quando não, como diz Casement (2005), as condutas «delinquentes ou desonestas» de deformação ou de omissão do material clínico por parte do supervisando.

Nestas circunstâncias de malogro, em vez da internalização da relação de desenvolvimento e de aprendizagem com o supervisor que se orienta para a autonomia e para a identidade idiomórfica do supervisando, como designa Coimbra de Matos (2005) – identidade construída pela aprendizagem através da experiência que se edifica em torno do sentimento de si e do saber fazer – proliferam a mimetização e a identificação com o modelo: «o pensamento do aluno é um clone do pensamento do mestre».

A vinheta clínica de supervisão que agora apresento pretende lançar luz sobre alguns destes constrangimentos suscetíveis de surgir no contexto.

A Dr.ª M. procurou-me há alguns anos para supervisão da sua clínica de crianças que se iniciara havia pouquíssimo tempo. A sua vida particular e a sua carreira tinham sofrido uma mudança substancial naquela época. A Dr.ª M. começara a trabalhar em meio institucional, recebendo crianças, muitas delas privadas de afeto e oriundas de famílias com patologias intergeracionais. A sua experiência anterior fizera-se com adultos e recebera prolongada supervisão nesse âmbito. A apresentação dos seus casos era muito nítida e colorida e rapidamente me proporcionava uma imagem com bastante impacto afetivo da criança e da sua relação com esta. No entanto, a Dr.ª M. transmitia-me o sentimento de não ter o tempo suficiente na sessão para me relatar todos os factos clínicos que havia selecionado para me apresentar. A sua ansiedade fazia-me refletir sobre se eu estaria a falar ou a interromper demasiadas vezes a sua exposição. Eu procurava adaptar-me a ela. Essa procura de sintonia corria por vezes o risco de criar um impasse, pois se eu considerava muito a sua necessidade expositiva e me calava, ela ficava frustrada porque sobrava pouco tempo no final para me ouvir; se, pelo contrário, eu interrompia a sua apresentação, para sublinhar e desenvolver um facto clínico, a sua exposição era prejudicada.

Quando este caso, que agora apresento, surgiu, já muita confiança se desenvolvera na relação intersubjetiva entre nós, e era agora a Dr.ª M. que me pedia para eu falar. Embora eu fosse colocando a mim própria diversas hipóteses para tentar compreender os possíveis fatores intervenientes naquele constrangimento intersubjetivo – os nossos traços de carácter, as internalizações de modelos de supervisão anteriores, o dela e o meu, o modelo intersubjetivo de relação da psicanálise dela – nunca considerei ser adequado interpretar aquela matéria referente às nossas personalidades e experiências pessoais, utilizando, ao invés, os dados clínicos para me adaptar a ela no manejo e na prática da sessão de supervisão. A minha preocupação para com a formanda era operacionalizada, no respeitante ao modo como eu continha as ansiedades relativas à sessão terapêutica que ela me trazia, revividas ali, bem como as ansiedades que iam surgindo na própria supervisão comigo. Refiro-me ao cuidado em lidar com ela mediante o *holding* e o *handling* da sessão de supervisão (Winnicott, 1960a).

Na sessão que apresento, tratava-se da primeira consulta de um menino de sete anos que fora recomendado pela professora, a qual o achava inibido, socialmente isolado, com violentos acessos de cólera no meio familiar. Ele tinha sido criado por uma avó idosa e sofrido de surdez não diagnosticada até aos quatro anos, época em que fizera uma operação aos tímpanos. A linguagem ficara seriamente afetada. A Dr.ª M. trouxe-me o caso porque também tivera ficado muito impressionada com o sentimento, em si desencadeado, da fragilidade da criança, mimetizando-o numa posição de deflexão corporal sobre si própria. Quando me relatou a sessão que havia tido com os pais, a incapacidade destes havia sobressaído, traduzida numa certa desorientação espacial. Eu havia fantasiado, aquando da realização da supervisão, que eles não saberiam ir de novo à consulta. Com a criança, a Dr.ª M. propusera-lhe um desenho e desenhara-o com ela, pois parecera-lhe que ela precisava de sair da sessão com o sentimento de ter feito alguma coisa. O desenho era o de um menino (ele próprio) que a criança desenhara esterotipada e impercetivelmente no canto superior esquerdo da página. A Dr.ª M. propusera-se fazer um chão, por debaixo da figura, sugerindo que aparecesse algo no caminho, árvores, por exemplo, ao que a criança dissera poderem ser laranjeiras e pessegueiros que a Dr.ª M. também desenhou. Depois ela propôs um caminho, que a criança assinalou na página, partindo debaixo da figura que representava o menino, indo no sentido descendente até ao canto inferior direito. A Dr.ª M. desenhou-o, colocando-se a ela mesma no final deste caminho, comentando que seria o caminho que as uniria. No meio desse percurso descendente, a Dr.ª M. ainda propôs uma casa, espaço onde a criança desenhou umas figuras quase impercetíveis que designou com os nomes reais da mãe, do padrasto e da irmã, mas não como «a mãe, o pai ou a irmã». No final, a criança disse querer voltar. A Dr.ª M. queria saber o que poderia ter dito ou feito melhor, e o que faria eu no seu lugar.

Comentei com a Dr.ª M. que poderíamos discutir sobre muita coisa, tais como a técnica que ela usara, os elementos diagnósticos preocupantes, como provavelmente alguns traços autistas, mas o mais importante era a relação que se estabelecera entre ambos, à qual ela fora sensível. Ela fora sensível, através da sua contratransferência, ao impacto da projeção destes pais imaturos, perdidos, não continentes, com os quais a criança não tinha uma relação espessa de amor – eram nomeados como quaisquer conhecidos e não como figuras parentais. Eram objetos que não ofereciam chão psíquico à mente da criança nem alívio ao seu estado de angústia agonizante de queda e de desamparo. A Dr.ª M. desenhara para a criança, coisa que eu nunca a vira fazer, oferecendo-se implicitamente como chão, mãe-chão, mapa e caminho para ser encontrada: afinal também ela receara inconscientemente não ver mais a criança e não queria deixá-la sem referências: ao menos, o desenho ficaria como ancoradouro mnésico.

A outra parte dessa contratransferência inconsciente fora projetada sobre mim, e fizera-me «sonhar» o caso, ali, enquanto supervisora, com a Dr.ª M.

Assim sendo, não havia interpretações ideais; ela havia feito o que pudera na turbulência da sessão, e fizera o essencial: oferecera-se como novo objeto numa nova relação, facto a que a criança fora sensível, mostrando encontrar na relação com a Dr.a M. as delícias do afeto, a fruta do paraíso – laranjas e pêssegos que lhe mandara desenhar nas árvores. Para a próxima, se houvesse próxima, já a Dr.ª M. poderia ir dando verbo às angústias da criança, com a mesma sensibilidade com que atuara, desenhando.

Termino esta reflexão com uma metáfora: também no caminho da supervisão convém que brotem, em igualdade de proporção, os deliciosos frutos do afeto e do conhecimento.

Um apontamento sobre a experiência de supervisão. No lançamento do livro *O Desespero* de António Coimbra de Matos

Ao pensar na emoção que sentira pelo facto de o Doutor António Coimbra de Matos integrar, neste seu livro, um caso que eu seguira, veio-me à lembrança este curto texto, que lhe dediquei, como expressão da minha gratidão, para com o meu professor e supervisor. O tema escolhido é a sessão de supervisão.

Cada dia em que lá vou, o inesperado acontece. É ele, eu e o paciente. Três conhecidos? Três desconhecidos que se encontram perante o imprevisto. A novidade só acontece porque assenta firmemente na confiança da nossa relação.

O espaço é-me bem familiar; o seu estilo também. O que vai suceder nunca se pode prever. Na minha perspetiva trata-se de uma questão essencialmente musical: um caso de bailado, de harmonia ou de desafinação.

Eu apresento-lhe o meu caso que às vezes me parece estar a correr bem. Umas vezes ele apoia a minha musicalidade e acrescenta mais dois ou três acordes, os quais se afiguram oportunos. E eu sinto-me afinada, em sintonia com ele e com o meu paciente.

Mas eis que, afinal, nota a nota por ele composta, toda a partitura se transforma. E a música que escuto agora é outra: mais profunda, viva e ritmada. E parece que lhe ganho o jeito, ensaio dois ou três passos e sinto-me agora mais perto do meu paciente e dele, meu professor.

Pouco depois, abandono o compasso e deixo o meu paciente fora do bailado. Algo se desconcerta e o encontro falha. A música extingue-se. O bailado termina. E eu vejo na sua atitude que os meus acordes mais não são do que desafinações e cacofonias.

É preciso muito esquecer para aprender a dançar bem. «Menina, deixe-se desses passos pré-aprendidos e ouça o seu paciente. Ele quer dançar, mas não o que a Maria José aprendeu na escola de dança. Abra os ouvidos e escute, abra os olhos e veja: para aprender o já aprendido não vale a pena o esforço. Estamos aqui para descobrir um novo bailado, uma nova partitura: a do seu paciente consigo».

Aprender torna-se difícil, ainda mais agora que já pensava ter aprendido tudo. E esquecer, sem verdadeiramente ter esquecido. E, já desmoralizada, peço-lhe: «Ensine-me, que eu quero muito aprender consigo!».

«É o que vem aqui fazer». E indica-me de novo o caminho. «Em frente, é o caminho. Cai hoje, levanta-se amanhã. É preciso estudar muito, mas sem nunca perder o fundamental: o prazer do encontro, da sua música e da sua poesia».

Assim, o melhor desta lição é saber que conto com ele e com a sua autenticidade, umas vezes sibilina, outras, gaiata e ladina, e sempre com o afeto com que ora me esmorece ora me estende a mão, mandando-me embora, em jeito de despedida: «Agora, vá sozinha».

Eu vou, sim, com ele no meu coração.

CAPÍTULO 2

DA RESPONSABILIDADE TERAPÊUTICA

Da criatividade à responsabilidade terapêutica

Se tivesse que selecionar quatro palavras-chave para caracterizar o estudo que se segue, elas seriam as seguintes: «trauma», «criatividade», «responsabilidade» e «sonho».

De modo a que possa conferir-lhe um sentido, começo por dizer que o homem é o animal mais criativo e mais lúdico de todos e é na interface da relação intersubjetiva que estabelece entre o universo global das suas criações individuais e da espécie (nas quais estão incluídos o conhecimento armazenado extrassomaticamente ao sujeito, a língua, a cultura, a tecnologia, as artes, as ciências, etc.) e também todo o sistema ecológico que ele habita – sistemas dinâmicos que não são só influenciados por ele como o influenciam – que a existência individual de cada um toma o seu lugar especial e ganha uma vida específica. O ser humano nasce para personificar um universo dinâmico, a manifestação de um tecido vivo, simultaneamente criador e criado que preexiste e subsiste a cada nova existência.

É ao objeto que compete, pela relação complementar, não saturada, como diz Coimbra de Matos (2007), conduzir o sujeito a este espaço criativo, um estado de espírito que irrompe como propriedade emergente do par.

Sem a existência do objeto, a emoção seria destruidora. A emoção, quando desprovida do objeto que a ressinta, que a ressoe, que a ressignifique e a devolva ao sujeito de maneira a que este a possa integrar de forma progressiva, torna-se uma emoção destrutiva. A emoção agiganta-se e torna-se monstruosa, dado o insucesso do objeto. O objeto não está lá ou, se está, não sente o sujeito e não se lhe entrega em dádiva de amor. Perante o paciente traumatizado, privado, abusado pelo objeto, como diz Raubolt (2014), antes de toda a interpretação, enquanto instrumento de eleição da técnica terapêutica, mais do que compreender (e requer-se por parte do terapeuta o conhecimento da ciência psicanalítica) é preciso suportar, interiorizar, partilhar uma e outra vez o horror do trauma.

Criatividade terapêutica e nascimento do sujeito

É o aspeto artístico e criativo da psicanálise que opera a mudança para a saúde nas contingências da relação terapêutica. A emoção sem objeto aniquila o sujeito, deixa-o à deriva ou sepultado no espaço aterrorizador da psicose. A ilusão assim gerada não pode, em substância, ser chamada de criativa. É alucinação. O eu frágil, ainda não integrado, é incapaz do verdadeiro desejo e de adiar a satisfação. E, porque o objeto fracassou na adaptação às necessidades do sujeito, o que poderia resultar na força deste em crescente capacidade de sentir o prazer resultante da realização das suas necessidades básicas, do *id*, pulsões e idiossincrasias filogenéticas, resulta afinal na fraqueza e na derrota do eu. As necessidades ameaçam de fora o eu incipiente ou clamam por rápida satisfação no paciente *borderline*, recentemente integrado.

O psicanalista encontra primeiramente as necessidades emocionais do paciente, que não são ainda desejos e, pela forma como o trata, o cuidado, os conhecimentos e a capacidade analítica que lhe prodigaliza, oferece-se à fragilidade do paciente que, nele apoiando-se, torna-se progressivamente forte. Trata-se de um processo delicado, pois existe um momento em que as necessidades do paciente precisam da adaptação completa do terapeuta e, noutro momento mais avançado – no qual ele já é capaz de emitir um sinal, aquele ao qual podemos chamar o «gesto criativo», para usarmos a expressão de Winnicott (1969a) – em que essas necessidades já só precisam de uma adaptação relativa.

O objeto faz nascer o sujeito, a mãe para o bebé, o terapeuta faz nascer o paciente que ainda não viu a luz do dia, ou seja, a vida iluminada pelo prazer de viver. A emoção de viver brota do coração do ser, do verdadeiro *self* e da capacidade de viver num espaço de partilha intersubjetiva, onde o indivíduo sente que pode ajeitar a realidade a si, sem a negar, e doar-lhe algo de seu, o que dita a diferença entre ser, sentir-se vivo ou sobreviver.

É pela expansão desta relação intersubjetiva bem-sucedida, expansão desta experiência criativa para dentro do *self*, internalizando-se e aprofundando-se, e para fora, estendendo-se a outras relações, que se inicia um diálogo que acompanha a condição do indivíduo até à morte, entre o narcisismo e a verdadeira relação de objeto, o reconhecimento do outro e da sua dádiva, entre a negação que destrói o outro e a sujeição que nega o sujeito.

Na tabela de Bion (1991) para as emoções, a emoção, que é também o bebé, precisa de encontrar um container, que é a mãe, e processar um diálogo criativo intersubjetivo com esta, de modo a que a identificação introjetiva da mãe à emoção do bebé, mediada e facilitada pela sua capacidade empática e sonhadora, a função alfa, vai facilitar no bebé a identificação introjetiva deste à função criativa e desintoxicante da mãe e, em última análise, facilitar-lhe o caminho para a transformação da frustração e para a aprendizagem com a experiência. Nestas condições, a emoção ressentida no bebé cria o lastro para um chão emocional intersubjetivo criativo, porque começa a existir uma relação com um objeto interno que se oferece ao diálogo criativo.

Responsabilidade e atenção à «falha» terapêutica

É este o lugar do psicanalista junto do paciente, o objeto que acolhe e transforma, ressignificando a emoção, a experiência das falhas do objeto e do meio, no passado, vividos agora, no presente, como o fracasso do sujeito. É uma nova relação, relação palimpsesto, que se escreve por cima de uma, ou de várias, mal-sucedidas, onde vão aparecendo os caracteres (formados pelas emoções e pelos sentidos do passado), que amorosa e pacientemente vão sendo raspados pela dupla paciente-terapeuta criadora de um novo ser e de uma nova história de afeto.

Por vezes a técnica e o conhecimento são insuficientes, a atenção flutuante e a escuta analítica falham nesse processo criativo de desembaraçar o paciente da patologia. Tudo parece correr bem aos olhos do psicanalista que se comporta, dedica e interpreta, e do paciente que se sente verdadeiramente melhor, mas o terapeuta apercebe-se da sua falha no encontro das necessidades do paciente, não através do seu devaneio acordado nas sessões ou fora delas, mas sim através da atenção ao seu inconsciente no lugar do sonho.

O caso de uma paciente de meia-idade, professora universitária, que me procurou no decurso de dificuldades em adormecer, levou-me a estas reflexões. Já tinha sido medicada, não tendo obtido nenhum alívio. No decurso dos primeiros meses da psicanálise a três sessões por semana este sintoma desaparecera. A paciente tivera várias experiências de terapia no passado, das quais destacava duas, cujo contributo reconhecia para a mudança da relação com a filha. Quando era jovem mãe, apoiara-se demasiado na filha de modo a compensar a falta de reconhecimento e de afeto do marido, o qual a denegria e humilhava em público e em privado. O marido, embora proveniente de famílias abastadas, mas com poucos estudos, nunca lhe havia dado a conhecer as suas capacidades económicas, já que constantemente se queixava de falta de dinheiro. Por consequência, era ela quem sustentava a casa. Enquanto os pais dele foram vivos, ele vivera para eles, continuando o negócio da família relacionado com a reparação de automóveis. Teria muitas histórias divertidas para me contar, as quais divertiram os outros terapeutas, pois sabia imitar muito bem as pessoas. Embora tivesse sido criada num ambiente conservador, havia ponderado largar o marido recentemente. Ele vira-a tão determinada a sair de casa que reconheceu, desesperado, ter sido um péssimo companheiro porque nunca suportara o sucesso académico dela; agarrou-se-lhe a pedir desculpa dos seus modos secos e das atitudes humilhantes ao longo da vida. Ambas as terapias tinham terminado devido a um impasse de anos. Reconhecia que devia largar o marido, embora não fosse capaz.

Nos primeiros meses de análise, iam-se tornando claros alguns aspetos da repetição da relação do objeto materno sobre o marido, nomeadamente a sua distância e rudeza afetivas, bem como os esforços para agradar à mãe, com a qual se identificava, sobretudo no que respeitava ao seu aspeto lutador e bemsucedido. Dava-se conta de repetir o que acontecera com a mãe, mulher lutadora que trabalhava enquanto o marido nada fazia.

A paciente sentia-se satisfeita com a análise, estava menos ansiosa, dispensara a medicação, passara a dormir bem, melhorara a relação com a filha, a qual, no passado, se tinha tornado distante e acusadora, e elaborava a relação do passado infantil que se repetira com o marido. As sessões eram passadas sem dificuldade aparente, nem para ela nem para mim, e muita compreensão verdadeira se alcançou naquele espaço de tempo. No entanto, eu vinha reparando na necessidade de a paciente repisar os seus triunfos académicos e os seus pequenos prazeres.

Ultimamente elogiava-me a figura, o cabelo, o sorriso e o rosto luminoso, ou a roupa, o que me parecia umas vezes autêntico e, outras, forçado. Era autêntica a nova relação para a qual vinha feliz, a correr, como uma criança corre para os braços da mãe que lhe sorri na alegria do reencontro. Outras vezes, o seu elogio parecia-me defensivo, talvez para abrandar a inveja projetada em mim, e da qual tinha agora consciência de não se saber defender.

Na verdade, em criança, se percebia que as colegas queriam alguma coisa dela, dava-a logo. Não tinha sido protegida pelo objeto, não aprendera a defender-se, pois toda a proteção e carinho tinham ido para um irmão mais novo, mau aluno e dependente da mãe. O abuso do objeto repetira-se traumaticamente na relação com o marido e com os terapeutas: um dos psicoterapeutas desinteressara-se dela; o outro pedira-lhe apoio académico para um familiar. Gostava de me contar as suas vitórias, mas temia que eu não tivesse em mente unicamente o seu bem, como uma boa mãe, e abusasse dela.

A atenção e a elaboração do inconsciente do analista como guia de compreensão do paciente

Numa semana em que me pediu a troca de uma sessão, porque ia ao estrangeiro dar uma aula, sonhei que caminhávamos no campo à procura do consultório onde ela fizera uma das terapias. Pelo caminho, havíamos encontrado, ao final do dia, uma perfumaria de província que já estava encerrada. Na rua, caminhava uma rural envelhecida que eu reconheci como sendo a mãe dela. Quando chegámos ao consultório deram-nos um quarto sem paredes para as três, com uma banheira e uma sanita. Senti-me chocada. A mãe dela estava ali sem nada fazer; a paciente era agora uma criança que eu tinha de sentar na sanita e de lavar.

A paciente parecia ter conseguido usar-me, no sentido que Winnicott dá ao uso do objeto, colocando-me num estado de atenção devotada a ela. Eu não fazia mais do que prestar atenção ao que acontecia no meu interior, como faz espontaneamente a grávida, ou a mãe, atenta às mudanças que ocorrem no seu bebé. Afinal eu sentira a falta dela, facto que eu obviamente negara na vigília. Parecia-me temer que ela procurasse outra psicanalista, caso eu me mantivesse fechada para ela, tal como a perfumaria do sonho que me representava e aos meus cuidados para consigo. Na realidade, a paciente oferecera-me recentemente um saquinho de pot-pourri. À luz do sonho, este facto ganhou outra perspetiva. Eu percebia que ela já tinha pouco tempo para se tratar, estava envelhecida e gasta – era a mãe dela no sonho. A paciente necessitava que eu fosse ao encontro da falha precoce do objeto que não alcançara cumprir algumas das suas funções primárias, nomeadamente a de seio-toilete, como diz Meltzer (1994). A mãe dela, no sonho, era também uma representação chocante de mim que, tal como Ferenczi (1967) descobriu, poderia tornar-me num agente traumatizante da paciente, acaso persistisse em não cumprir a minha função materna, tal como acontecera com o objeto.

O psicanalista como novo objeto do paciente

Quando a paciente voltou, iniciou a sessão falando da sua atividade académica, bem como do marido, sempre sem parar, como habitualmente. Ouvi com atenção e, só depois, disse ter pensado nela, na sua ausência, e percebido melhor o seu sofrimento. Surpreendida, calou-se. Eu compreendia agora melhor a ansiedade que a levava a andar sempre tão agitada em busca de sucesso, uma das suas queixas. Uma das causas, já havíamos começado a ver, era a procura secreta da admiração e, quem sabe, do afeto da mãe. Ela precisava que eu não me deixasse iludir pela busca de admiração que escondia a mais real: a necessidade de ser amada. O exemplo do pot-pourri que me dera era agora esclarecedor e permitira-me pensar o seguinte: era muito triste ter sentido que a mãe não se lembrava dela, sentir que não habitara no seu interior, não respirara o mesmo ar que a mãe. A paciente dera-me aquele aroma porque precisava de mim, não só para libertar a raiva de não ter sido lembrada no passado ou, talvez mesmo, concebida no interior da mãe, como também para reparar, nesta nova relação, o mal que havia sido feito. A mãe falhara no passado, bem como as terapias anteriores mas agora, antes que eu repetisse o mesmo erro, ela fora capaz de me pôr a sonhar e a pensar mais em si. A ansiedade mais superficial era a de poder ser esquecida, mas, mais profundamente, era a de vir a repetir a falha do passado e encontrar de novo uma mãe fechada, que não pensava nela.

A paciente voltou-se subitamente para trás, para me olhar, a chorar. Uma torrente de novas memórias emergiu: a mãe que se esquecia de lhe dar de comer, se esquecia de dar a medicação quando estava doente, o caseiro que tomava conta dela, etc. Uma vez, quando este faltou, a paciente teve de ser levada à urgência, desnutrida e desidratada. A insensibilidade dos pais fora total: passavam temporadas, ora no Algarve ora em Lisboa, obrigando-a a mudar, a meio do período escolar, de estabelecimento de ensino. Nunca conseguira fazer grandes amigos. Cedo teve de aprender a brincar sozinha. Atirava pedrinhas ao ar e ia a correr apanhá-las. Quando estava no Algarve, tinha de esconder a sua proveniência e falar com o sotaque de lá para se integrar; em Lisboa, por sua vez, tinha de esquecer o sotaque para não ser ridicularizada. Hoje em dia, quando vinha ter comigo, sentia-se como quando ia para o colégio onde estivera em semi-internato: as professoras haviam sido as únicas que lhe tinham dado carinho. No presente, até podia vir a pé ter comigo, se preciso fosse.

Eu sentia verdade neste afeto, no seu ar saltitante e feliz do encontro.

Conclusão

Este caso ilustra como, através de um sonho do analista com o seu paciente e da análise intrasubjetiva deste, foi possível retomar o encontro criativo. O terapeuta dá-se conta da sua falha, a qual não consegue pensar em estado de vigília. A falha do terapeuta repete a falha do meio e do objeto do paciente. A entrada no cenário inconsciente criativo da intrasubjetividade do analista, a representação afetiva do paciente que encontra a representação do *self* e dos objetos do analista permite, pela autoanálise do analista, resgatar o sentido doloroso da experiência afetiva do paciente.

O paciente não pode esperar mais, e o analista não pode dormir sobre as necessidades do paciente.

Ocorre-me, por fim, perguntar: como poderá o terapeuta fazer renascer o paciente de modo a facilitar-lhe uma nova existência, convertendo os horrores do passado na plena felicidade do presente? Neste capítulo, procedo a uma reflexão sobre a responsabilidade do terapeuta em não repetir as experiências traumáticas do passado do paciente na relação psicanalítica. É pela atenção e pela elaboração intrapsíquicas do analista ao seu próprio inconsciente, guiadas pela análise do seu próprio sonho, que se abre uma janela sobre o vivido não tolerado na mente do paciente, mas representável na mente inconsciente atenta do analista. Partindo da descrição de uma experiência individual paradigmática, permito-me reivindicar a importância do binómio criatividade/responsabilidade terapêuticas na nova relação, a psicanalítica, bem como refletir sobre o papel vivificador do trabalho do sonho do psicanalista como complemento da vigília psicanalítica.

Paulinho e a sua viagem: da era dos rasgões e da tesoura à era da estrelinha – Um caso de psicoterapia psicanalítica de uma criança autista

Começo esta reflexão referindo-me ao Doutor Coimbra de Matos, meu mestre, com quem aprendi afiliação, liberdade e rigor e muitas outras qualidades, entre as quais destaco a sua generosidade e o seu entusiasmo. Com ele aprendi que, na vida, o passado é importante para mudar o presente. Mudando o presente transforma-se o futuro. É necessário compreender bem o passado, para nele não tombar repetitivamente, e podermos, cientes do mapa da nossa cartografia interior, guiar-nos rumo àquele futuro sonhado que nos anima, nos dá forças e nos eleva.

Dedico também esta reflexão ao Paulo e a outros meninos muito tristes que, como ele, nos ensinam a viver com autenticidade a sua dor indizível, e, mais tarde, a esperança e a coragem de prosseguir rumo às paragens de uma «estrelinha-guia».

Na apresentação deste caso reforça-se a importância unificadora do pai na vida mental do bebé e as consequências da sua falta no sofrimento autista.

Aborda-se como se efetuou a reparação da unidade da tríade narcísica (pai, mãe e bebé), devolvendo à criança «a alegria de viver» (Bégoin, 2001); o luto que ela elaborou e a transferência que teve lugar da relação terapêutica para os objetos de amor descobertos no seu quotidiano, as quais constituem, segundo Coimbra de Matos, as condições sine qua non da continuidade do crescimento psíquico uma vez concluída a psicoterapia.

Um caso de autismo secundário

A criança tinha cerca de quatro anos quando nos conhecemos. Não olhava diretamente para mim, embora verdadeiramente não me evitasse. Algo no seu olhar era estranho, descentrado e ausente.

Praticamente não falava. A sua expressão facial caracterizava-se por contínuos tiques espasmódicos. A linguagem estava pouco desenvolvida e, no último ano de vida, aparecera-lhe uma ecolália, a qual indiciava uma grave perturbação da compreensão simbólica que a criança possuía de forma rudimentar.

No jardim infantil quase nunca compreendia o que lhe era pedido. Habitualmente, estava ausente. De acordo com o testemunho das educadoras, ele era indisciplinado: era incapaz de se concentrar, agitava as mãos e os braços despropositadamente, pulava, abanava-se e embatia contra as paredes e as mesas.

Progressivamente passara a alhear-se da realidade, prostrando-se num torpor sonolento: dormia nas mais inesperadas situações e posições físicas. A escola afigurava-se, para a criança, um fator importante de mal-estar. A sua ausência psíquica impedia-o de brincar com as outrascrianças.

Revelava um atraso motor significativo, pois não conseguia pegar no lápis ou executar tarefas que exigissem coordenação motora fina. As suas pequenas mãos pareciam não conseguir fazer nada.

O menino deu-me a impressão de ser uma criança dócil, passiva, ausente e deficiente.

A mãe, pressionada pela escola, levara a criança a vários especialistas: ao oftalmologista e ao otorrino, porque o clínico geral que a seguia suspeitara que fosse cega ou surda e, por fim, a especialistas de saúde mental, os quais lhe diagnosticaram um autismo secundário. A mãe aceitara mal este diagnóstico, pois não reconhecia o sofrimento e o atraso do filho.

Aos seus olhos, o filho dera sinais de ser uma criança inteligente, sem problemas significativos até cerca dos dois anos e meio. Alimentado a peito, adaptara-se bem ao desmame e à introdução de novos alimentos. Não manifestara sintomas de atraso na locomoção e controlara totalmente os esfíncteres na idade normal. Aos cinco meses, adaptara-se bem à creche. As dificuldades de adaptação começaram a notar-se a partir dos dez meses, mas foram atribuídas a uma excessiva rotatividade do pessoal docente. Mais tarde, a partir dos dois anos e meio, é sinalizado na creche pela instabilidade, pela falta de atenção e pelo alheamento. A mãe aguardou cerca de um ano para a criança se adaptar ao meio escolar; adaptar-se não apenas à creche, mas também a uma nova vida: cansada de viver com o marido, separara-se dele, levando o filho consigo para outra morada.

O marido, homem mais velho, com filhos já adultos da relação anterior, isolava-se muito (tal como o Paulo viria a fazer na creche) no quarto a trabalhar, ignorando a mulher atordoada, deprimida e inquieta com um recém-nascido. Vendo que o «autismo» do marido não mudava, adquiriu coragem para sair de casa cerca dos dois anos do filho. Pouco depois surgiram as queixas na creche quanto ao comportamento da criança.

A criança parecia ter sofrido uma experiência catastrófica, no sentido descrito por Bion, com esta mudança de vida, de casa, de espaços, de ritmos e de perceções. O desenvolvimento da linguagem, já então atrasado, sofreu uma paragem. Como agravante, a mãe, que pouco se separara dele até então (ia buscá-lo à creche a seguir ao almoço para com ele passar o resto do dia, prolongando uma relação simbiótica), passara a trabalhar e a estar longe dele todo o dia. A criança não estava preparada, como refere Mahler (1979) nestas circunstâncias, para viver a separação e aquela transformação da sua vida que, por demasiado abrupta, total e imprevisível, a confrontou com uma realidade insuportavelmente penosa, atingindo-a de dor impensável, ou seja, uma dor tão brutal que impedia a mente de a pensar. Segui a criança ao ritmo de duas sessões semanais durante cerca de dois anos.

O mundo em farrapos, tal como a minha cabeça

Rasgar, rasgar. Rasgar o papel. As primeiras sessões dos dois primeiros meses de psicoterapia são indescritíveis. Nada lhe interessava. Comunicava, desta maneira, o seu estado mental atingido por raiva, confusão e fragmentação.

Eu interpretava estes comportamentos como um sinal de que a criança se sentira rasgada quando mudara de casa. Esses rasgões eram as separações insuportáveis do pai e da mãe, quando ia para o jardim de infância. Interpretava que era como se o seu coração e a sua cabeça estivessem rasgados, e a criança não fosse capaz de pensar as suas angústias. Assinalava ainda como ela também precisava de viver comigo todos aqueles rasgões para poder aprender a sentir-se melhor. Precisava de me rasgar aos bocadinhos para ver como eu me sentiria se tivesse ficado com o meu pai a viver numa casa, a mãe noutra e eu ainda noutra. Era como se rasgasse as minhas palavras, fazendo de conta que não me ouvia, pois estas faziam-lhe lembrar os sentimentos de que se queria esquecer. Isolava-se de mim, metia-se dentro do seu mundo interior, ali comigo, não me vendo nem ouvindo, tal como o fazia na escola, quando aí adormecia.

Paulatinamente, vou sentindo que a criança está a iniciar um percurso emocional de crescente abertura e de sensibilidade. Passa de um estado de indiferença para um estado de surpresa. Ocasionalmente surpreendo-a a olhar-me de soslaio e a aguardar pelas minhas palavras. No entanto retrocede: volta a rasgar, rasgar.

Assim se iniciou, cerca do terceiro mês da relação terapêutica, um ritmo incipiente de comunicação: ela rasga, eu espero; eu sinto e percebo, falo ou não, ela rasga ou não. Nessa impercetível alternância (efémera capacidade nascente de reciprocidade e de separação face ao outro) antevi a possibilidade de lhe tocar afetivamente.

Os rasgões que ia fazendo no papel despertavam-me associações diferentes. Um desses rasgões fez-me sentir a angústia da criança em habitar um mundo interno que se havia rasgado e o seu desejo de o unir, o qual era expresso de uma forma omnipotente, mediante o uso do meu corpo: tentava construir uma «pele psíquica», um espaço contínuo e protetor, no sentido que Bick (1968) e Anzieu (1974) dão a este primitivo envelope psíquico. Pegava na minha mão, como se fosse a sua para alcançar os objetos que pretendia, usava o meu corpo como se fosse o seu e repetia as minhas palavras. Utilizava o meu corpo e as minhas palavras, criando uma ilusão de continuidade psíquica e física, como forma de evitar a consciência avassaladora e inquietante da diferenciação que se começava a esboçar.

A perceção incipiente de poder estar separado, «rasgado», desencadeava intensas angústias de perseguição, uma vez que a separação era vivida com violência: o rasgão representava a separação brutal. Escondia-se debaixo da secretária, gritando aflitivamente: eu interpretava-lhe essa atitude, explicando-lhe que era como se estivesse a esconder-se dentro de mim, o lugar onde sentia segurança, de maneira a olhar, a partir daí para o exterior, para o que estava lá fora e que lhe parecera ameaçador. Quando também lhe devolvia o susto de se ver «rasgado», no sentido de separado de mim, e do desejo de se reunir a mim, então a criança acalmava-se e os seus gritos cessavam.

Em seguida, percorria a gatinhar o espaço que mediava entre o exterior da secretária e o vão desta, como que encenando o movimento psíquico de «entrar e sair» do meu interior; o movimento de «passar» da «mãe» que acalma e protege para a «não-mãe», a que não está lá, a que não sustém a criança ao colo e que a deixa cair dentro do «buraco escuro» e perigoso para o qual ela atirava os papéis rasgados a gritar. Antevi, nestes movimentos psíquicos, os primórdios lúdicos de alguma possibilidade de contacto, talvez de ligação, entre os seus aspetos fragmentados e relacionei-os com a função defensiva e protetora do autismo secundário enquanto sintoma contra a depressão, a qual surgia na sessão como um buraco escuro aterrorizante.

Neste período conturbado tornaram-se mais visíveis, do ponto de vista do observador externo, as dificuldades de separação, as quais estavam dissimuladas pela hiperadaptação da mãe à criança e pela tolerância do ambiente escolar, pois essas dificuldades ainda não se haviam manifestado nas sessões. No decorrer destas a criança começou a ter necessidade de ir buscar a mãe à sala, trazê-la para o espaço terapêutico, circunstância que eu permitia enquanto ato que antecedia a interpretação que se seguia à vivência experiencial, à semelhança do que Bianca Le Chevalier (2000) e a sua equipa na Tavistock Clinic, em Londres, faziam em quadros semelhantes.

Paulo sentava-se ao colo da mãe, a qual previamente tinha sido informada por mim de dever ficar calada naqueles momentos. A criança virava-me as costas ostensivamente e encostava-se a ela, como se estivesse colada a uma parte da mãe, a «mãe-boa» que nunca a deixava só. Eu ficava de fora, com a parte projetada do seu *self* «rasgado», unido à parte do objeto «mãe-má» que a abandonava e que a frustrava, não lhe dando o que precisava de acordo com as suas necessidades. Ia interpretando o modo como a criança tentava fazer-me sentir o seu sofrimento, a sua tristeza e o seu abandono enquanto bebé quando se sentia sozinho, ausente da mãe, e ausente de si próprio. Mediante estas projeções, a criança tentava, não só livrar-se destas angústias, como ainda aprender comigo a suportar aqueles horrores.

Mais tarde, no processo analítico, a mãe acabou por sair da sala, porque a criança, por sua iniciativa, se separou dela, sem angústia, começando a brincar explicitamente comigo. Disse-me, então, aquelas que constituíram as suas primeiras frases plenas de significado: «quero cortar e colar». Vivenciei-as como uma primeira expressão de um eu em integração que já tinha força para querer.

Várias colagens de si próprio. Às vezes mete muito medo

Seguiram-se quatro meses em que passou as sessões a cortar e a colar. Só naquela época havia aprendido a manusear a tesoura. Os seus movimentos iam ficando mais lestos; a sua coordenação motora, a motricidade global e a fina, mais harmoniosas, eram testemunhos inequívocos da integração progressiva dos espaços cinestésicos e do pensamento que se operava.

No que respeitava ao desenvolvimento verbal, a linguagem começava a enriquecer-se; surgiam os verbos, aumentava o vocabulário, e apareciam as frases completas com sentido e com transmissão de ações, de ideias e de intenções. Na escola os educadores assinalavam que a criança tinha menos acessos de «birras» e se isolava menos. Parecia começar, ocasionalmente, a olhar para «fora».

Nas sessões, preenchidas integralmente por cortes e colagens, eu ia-lhe falando da sua dupla necessidade de aprender a sentir-se, ora cortado, separado, ora colado, unido, dentro de si; cortado, separado, de mim ou da mãe; colado ou unido a mim, ou à mãe. A atividade das «colagens» implicava, por vezes, momentos de intensa desorganização. Perguntava-me onde estava a cola, a tampa, a tesoura. Não conseguia vê-los, não obstante estarem na sua frente. Interpretava a sua confusão: sentia-se despedaçado, um bocado para cada lado, e não se sabia ainda juntar. O esquema corporal estava ainda desmembrado. Eram memórias vivas de como se sentira no passado: a mão para um lado, o pé para o outro, a cabeça para o outro, à semelhança da tríade narcísica: os pais separados dentro de si. Não sabia ainda que partes eram as suas, que partes eram as dos outros, aonde estava, mas ia-o descobrindo comigo.

A necessidade de colar devidamente cada parte, as partes do corpo, no seu lugar próprio, e as dos três elementos da família, os objetos, levou-o, certo dia, a «descobrir» uma solução. Encaixou (parecia-me num estado de êxtase) a tampa respetiva no tubo de cola. E, com uma expressão de sucesso, exclamou: «já consigo!». Fez-me lembrar a alegria do bebé que, após inúmeras tentativas infrutíferas, apanha com a mão a roca e leva-a à boca, completando um circuito que lhe confere o sentimento de unidade e de poder vir a alcançá-lo.

Na atividade do manuseio da tesoura estava ainda implícita a aprendizagem de métodos mais eficazes, de novas técnicas, que permitiam uma melhor distinção entre o que prestava e o que era impróprio, entre o que se guardava e o que se deitava fora, entre o bom e o mau. Com a tesoura conseguia fazer cortes mais cirúrgicos, menos dominados pela raiva, e que lhe permitiam, portanto, uma melhor integração dos aspetos psíquicos clivados. A importância desta atividade para a introjeção e para o crescimento psíquico era tão absorvente que conseguia permanecer sentado durante quase toda a sessão.

Neste período da terapia a criança evocava-me imagens, as quais eu ia pondo em palavras: imagens sobre os seus estados emocionais e os seus pensamentos primitivos que iam variando nas longas sessões de corte e de colagem. Era um lento processo de construção dos pensamentos e dos afetos e de um aparelho para pensar os pensamentos, os quais resultam, como Bion descreve, da transformação dos elementos propriocetivos, os elementos beta, que sobrecarregam a mente e exigem transformação. Era eu, no lugar desse objeto materno, quem, pela função de sonho, função de *rêverie* de Bion, o ia fazendo, tolerando e dando sentido aos conteúdos insuportáveis, porque inomináveis.

Ficava aborrecido comigo quando descobria, no reencontro da sessão, que estivéramos separados, o que, para ele, tinha ainda um significado negativo de estarmos cortados. Por consequência, a atividade de cortar adquiria uma intenção comunicativa agressiva de me cortar, ou cortar-se a si próprio ou cortar a nossa ligação, vingando-se em mim, nele ou na relação que nos unia. Depois, ia aprendendo comigo a «colar»; que era possível começar a aguentar estas inquietações e zangas sem explodir, sem «rasgar» tudo, encontrando caminho, por exemplo, para poder começar a colar, a guardar dentro de si a experiência, a mim, à mãe e ao pai na sua memória.

Começava a fazer-me sentir a sua vontade de crescer: sentia-se bem, ou seja, colado, unido, e conseguia-se cortar, separar, dos momentos tristes que vivera no passado e começar a fazer novas colagens mais saudáveis: colagens de si próprio, ou seja, revelando um esquema corporal completo e harmonioso, colagens da relação com os pais, comigo e com os outros, cuja existência começava a vislumbrar.

Estava menos ansioso: deixara de roer as unhas, a mãe notara que ele deixara de ter tiques faciais, que a sua expressão estava diferente, menos esquiva, mais focada e mais atenta. Não parecia, como aparentava no início da terapia, ser um menino com graves défices aos níveis da visão e da audição. Na escola abandonara praticamente os movimentos estereotipados de se abanar, bem como as correrias desenfreadas pela sala, agitando os braços; estas crises eram cada vez mais esparsas.

Sensivelmente nove meses após o início das sessões começou a brincar com outro material: a plasticina. Construía afanosamente um comboio com várias bolas de plasticina, carruagens, que unia umas às outras. «Um comboio para levar a família toda junta», dizia eu. O pai era o maquinista. No jogo, à cabeça das carruagens, ia a locomotiva a puxar. De repente, surgia uma grande aflição: «Vai partir, vai partir!» – gritava ele. O comboio partia-se. Senti com veemência o duplo sentido da palavra «partir»: quebrar e separar. Queria juntar as peças do comboio, mas não conseguia, e gritava: "Não cola, não cola!". Começou rapidamente a fazer colagens no papel. Vou-lhe mostrando como ele gostaria de poder ligar a família toda dentro si. Na vida, lá fora, sentia que estes esforços não eram bem-sucedidos. Esta era mais uma razão para, ali comigo, andar com vontade de aprender a fazer novas ligações e a alargá-las a outras pessoas.

Aprisionado entre a necessidade de unir a família e a perceção interna de tal ser impossível, devido à violência que tal união suscitava, a criança vivia comigo o início da transferência de alguns afetos positivos para novas relações, começando a alargar o seu universo emocional. Na escola começara a brincar com outra criança que o aceitava bem. Na vida familiar, surgiam filhos de amigos da mãe com quem começava a ser possível brincar.

A comunicação desenvolvia-se e, com ela, uma progressiva tomada de consciência da sua identidade. Descobria o meu nome: «Tu és a Maria José-mãe» para, em seguida, se apresentar: «Eu sou o Paulo». No entanto, o caminho não se fazia sem obstáculos, e, associados à nascente capacidade de simbolização, nascida da maior tolerância à dor da separação, emergiam ataques destrutivos à sua identidade. Nesses momentos ele massacrava-se, tentando introduzir todos os objetos na boca: o tubo da cola, os papéis, a tesoura. Mostrava-me como ele tivera de engolir impiedosamente aquela família confusa, desfeita, desavinda e estragada, como remédio para o sentimento de solidão, quase cósmico, em que vivera. No entanto, aquele «remédio» era tão impróprio que lhe trouxera consequências nefastas: não lhe permitira aprender a pensar, a falar ou a crescer. Era um verdadeiro introjeto maligno. Naqueles momentos ele deixava de saber quem era. Parecia debater-se com um medo catastrófico de aniquilamento, dado o pânico suscitado pela perceção da individuação naquelas condições. No entanto, a capacidade de evocação de uma relação apaziguadora, orientadora, já existia: «Quem fez isto?» – perguntava, quando retomava o sentimento de si na sessão.

Novos pensamentos, novas tecnologias: do tempo da cola ao da ligação telefónica

Novas «ligações» do pensamento faziam-se agora de uma forma menos materializada, mais abstrata. A criança pegava no telefone de brincar e fazia de conta que estava a telefonar ao pai. Ligava, ligava. Mas, quando o pai atendia, a criança desligava o telefone. O pai não chegava a conseguir atender. «Às vezes é difícil fazer a ligação com o pai, porque andas aborrecido com ele. Desligas-lhe o telefone porque também te sentiste desligado dele quando saíste de casa». Volta a ligar. O pai atendia então o telefone e a criança gritava-lhe: «Morto! Morto! Pai morto!». Eu dizia-lhe: «Não está morto, tu é que ficaste tão triste quando ele partiu que te sentiste morto de tristeza e sentiste-o morto a ele também.» No entanto, nestes momentos dramáticos, só parcialmente conseguia impedi-lo de se bater violentamente nas mãos, no peito, em todo o corpo. Soube então, através da mãe, que este menino havia sofrido de *offensa capitis* na primeira infância. Eu ia-lhe dizendo: «Não,

não foste tu quem teve a culpa dos teus pais se terem separado. Quando pensas isso, pensas que és mau, que mereces tareia.» Ou então, dizia-lhe noutros momentos: «Foram o pai e a mãe que não se entenderam um com o outro e se separaram. Tu ficaste tão aflito que pensaste que tinhas sido tu a separá-los. Em pequenino batias com a cabeça no chão para não pensar, para não te sentires sozinho, aflito com estas coisas na cabeça.»

A criança expressava-me como sentira a falta de uma relação triangular unificada pela figura do pai: pegava na cola «estragada» e telefonava ao pai para lhe dizer: «Pai! Eu estraguei a cola!», temendo que a «nossa» cola, ou seja, a da nossa relação, não fosse suficientemente boa para restaurar aquelas falhas. No entanto, a capacidade reparadora desenvolvida pela nova relação terapêutica tinha progredido, pois num daqueles dias simulou telefonar ao pai, dizendo-lhe: «Olha pai, estou aqui com a Maria José a colar-te no coração.»

Outras vezes gritava: «Eu estraguei tudo», apontando o tubo de cola com que efetuava as suas colagens. A seguir «telefonava» ao pai: «Pai, eu estraguei.»

«Não», ia eu dizendo, «não estragaste. Tu pensaste que eras tu quem tinha estragado a cola, a ligação entre as pessoas da tua família. Ficaste muito aflito, porque te sentias pequenino, sem nada poder fazer. Às vezes comigo também pensas que estragas a nossa cola, a nossa amizade quando estás aflito ou aborrecido comigo. Por exemplo, como quando me queres só para ti e pensas que isso não é possível». Eu dizia-lhe, noutras ocasiões, a propósito da mesma constelação psíquica: «A cola do passado não deu nada; estás agora a conseguir construir comigo novas ligações e muito melhores.» Aliviado, mostrava-me as suas colagens: «Olha! Eu não estraguei!»

«Claro que não!», dizia eu. «Essas eram as ideias tristes do passado.» Retomava as brincadeiras comigo, atirando-me o tubo da cola para que eu o apanhasse e o devolvesse, num jogo comunicativo de dar e de receber. Parecia ali poder encontrar uma cola, uma nova ligação, uma nova relação interna, contentora de si, que aguentasse as suas ansiedades. Estava contente por poder comunicar, por partilhar comigo, para poder entregar-me aqueles conteúdos psíquicos dolorosos e a recebê-los de novo, transformados, para em seguida me entregá-los novamente.

Na sua vida social, a criança começava a apresentar grandes transformações. A mãe notava-o «mais esperto, mais curioso e mais vivo»; no jardim de infância deixara de ter crises de agitação e de alheamento; passara a estar muito mais ativo e mais exigente pela atenção dos adultos. Com as outras crianças, já não era o Paulinho dócil que era: a rivalidade e as ligações preferenciais com as outras crianças haviam entrado em cena no seu quotidiano.

Uma locomotiva a passar longe do apeadeiro: «um pai cometa»

Cerca de um ano após o início do processo terapêutico (por volta dos cinco anos de idade), a mãe havia notado que o filho estava mais afetuoso com o pai, menos revoltado e menos esquivo; começara a perguntar pelo pai, contando ao próprio pai que o rasgara mas que já o havia colado. Os pesadelos (que anteriormente haviam anunciado a véspera do fim-de-semana com o pai e os dias que se seguiam) haviam desaparecido. A criança estava menos ansiosa pela proximidade do pai e já aguardava os encontros com ele; perguntava quando iria estar com o pai. Infelizmente o pai correspondia pouco ao desejo reparador do filho e gorava amiúde as suas expectativas.

Promovi, nesta época, mais um encontro com o pai de modo a que este se aproximasse da criança. Inicialmente o tinha tido reservas acerca da terapia, as quais entendi serem receios de poder vir a perder também o filho na adolescência, pois já havia perdido a mulher. Reforcei-lhe a importância do afeto, da disponibilidade, da proximidade e do ritmo dos encontros na relação com a criança, afirmando-lhe o quanto a terapia poderia contribuir para a ligação de ambos. No entanto, verifiquei que este homem tinha muito pouca disponibilidade para o filho.

Fui constatando, mês após mês, que nos poucos finsdesemana que lhe haviam sido atribuídos para ir buscar o filho, de acordo com a periodicidade estipulada, acabava por encontrar um motivo para não estar efetivamente com ele. Entregava-o ao cuidado dos seus outros filhos, ou a familiares emocionalmente distantes da criança. Esta vivia estes finsdesemana como verdadeiros abandonos afetivos, regressando à casa da mãe, sempre muito agitada. Este estado de perturbadora ansiedade afigurava-se bastante nítido na sessão subsequente.

A pouco mais de dois anos e meio após a separação do casal, o pai ainda não tinha conseguido fazer o luto da ex-mulher, a mãe do Paulinho, apontando-lhe defeitos, embora não pretendesse refazer a sua vida com outra mulher. Queixava-se da mãe da criança, principalmente porque, um ano após ter saído de casa, ela havia arranjado outro homem. Fazia estas e outras queixas em tribunal, que o desacreditavam, juntamente com o facto de, em relação ao filho, dificilmente cumprir os seus compromissos afetivos e pecuniários.

Tive a noção de que não era por insistir no afeto que o pai havia de dar à criança que este iria consumar-se. Era grande a sua indisponibilidade. Quando, mais tarde, a mãe me pediu ajuda a fim de forçar o pai a estar mais vezes com o filho, ajudei-a a aceitar a verdade: o amor não é algo que resulte forçado. O pai não tinha verdadeiramente desejado este filho nem se deixara «apaixonar» após o seu nascimento. As circunstâncias do amor exigem reciprocidade. Por outro lado, ela havia arranjado um novo companheiro que a criança começava a aceitar. A ideia da existência de um «pai» como sendo o indivíduo que nos ajuda a crescer e nos ensina a viver ao lado da mãe, constituía uma esperança para o equilíbrio da criança. Assim sendo, seria necessário deixar o pai da criança seguir o seu rumo de vida.

Se não podes ir de comboio, podes ir de barco

Nas últimas sessões, dezasseis meses decorridos sobre o início da terapia, a criança falava da dor de não ser possível arranjar o comboio-pai. O comboio, ora descarrilava ora partia sozinho, deixando as outras carruagens para trás. Estes eram os temas sempre presentes após os fins-de-semana em que estava com o pai.

O sofrimento causado por este pai abandonante, um «pai-cometa», como diz Coimbra de Matos, ia sendo mitigado por novas «colagens», novas relações de amor e de amizade, que ele ia fazendo vingar com sucesso nas sessões. Fabricava caracóis de plasticina que se uniam a outros caracóis, o que eu interpretava como uma capacidade nascente de se relacionar, na sua vida social, com os parceiros da escola e com outros adultos significativos, entre os quais se destacava o Carlos, o atual marido da mãe, de quem ele se havia aproximado muito positivamente. Carlos era afetuoso e disponível para com o Paulinho. Ia com ele ao jogo da bola, seu *hobby* predileto, partilhando com ele o seu mundo, o que permitia à criança começar a aprender e a integrarse no universo masculino.

Naquela fase da análise brincava a «fazer magia», como ele dizia. Pegava em bolinhas de plasticina que colocava dentro de uma caixa de lata, gritando, não de aflição, como no passado, quando se havia sentido em risco de se «escoar» para dentro de mim e desaparecer, mas sim com alegria. Podia guardar-se dentro de mim (como se eu fosse uma latinha) e continuar a ser ele. Depois, abria-a com a alegria de um feliz reencontro, verdadeiramente mágico, sublime, descobrindo que as plasticinas ainda lá estavam. Sabia agora que existia permanentemente dentro de mim, na minha memória e no meu afeto, algo que nunca se tivera constituído na relação com os seus objetos, os pais. Sabia ainda da alegria de se reencontrar consigo próprio aquando do reencontro comigo, o que lhe permitia o início da construção da sua noção de permanência de objeto e de *self*. Primeiro havia sido refletido por mim, guardado em mim e começava agora a permanecer ele próprio nos afastamentos, nas interrupções, nas ausências.

Esta construção, a tal «magia», não se alcançava de uma vez só. Ia cortando ao meio as bolinhas de plasticina que colocava, metade dentro, metade fora da lata. Juntava, por vezes, cores semelhantes, outras vezes cores diferentes. Colocava diferentes combinações de plasticina dentro e fora da caixa, como quem ensaiava colocar-se dentro de mim ou levar-me dentro dele. Experimentava trocas de cores, como quem procurava mudar e construir a sua identidade sem deixar de ser ele e como quem ensaiava novas relações, novas cores e combinações: dele com o Carlos, dele comigo, dele com os outros, etc.

Num certo dia, à semelhança do que vinha sucedendo nos últimos meses, vinha doente após uma estadia com o pai. Tivera um grande desarranjo intestinal, tal como havia tido no passado quando ia para a creche. Aquele sintoma evocava-me a necessidade de evacuar os aspetos rejeitantes e abandonantes do pai. O sofrimento do seu passado infantil mais antigo relativo à relação com o pai não havia sido ainda devidamente mitigado. Tornava-se urgente a elaboração daquela deceção tão real e tão precoce, num momento em que ele ativamente havia começado a reparar o seu mundo interior e a construir novas relações de afeto no exterior.

«Vou fazer um comboio», anunciava com voz grossa, afirmando já a emergência da sua masculinidade, enquanto juntava várias bolinhas de plasticina: «um comboio com muitas carruagens», dizia. Enquanto se concentrava na tarefa, eu interpretava-lhe a necessidade de crescer e de aprender a vir a ser um homem. Ele mostrara-me a sua construção. O comboio andava a muito custo, quase não se mexia com o peso. Eu sentia eminente o colapso. Interpretei:

«Quererias que fosse possível juntar aqui comigo o pai contigo, com todos os da nova família, mas sentes ser muito pesado.» «O Carlos é mau», respondeu de imediato. Interpretei:

«Não é o Carlos que é mau, tu é que gostavas mais que fosse o pai a estar no lugar do Carlos, lá em casa contigo. Mas já descobriste que isso não é possível.»

«Olha, vão separar-se», disse, apontando as carruagens.

«Pois é, acontece. Foi assim com o pai, mas não quer dizer que tenha de acontecer sempre assim.»

«Olha, vou fazer outro!». Fez três carruagens, desta vez unidas entre si por duas bolinhas de plasticina: «Pó!... Pó!...», apitava o comboio, já ligeiro, deslocando-se, célere: «Pó!... Pó!... O comboio vai descarrilar, vai descarrilar!»", anunciava aos gritos.

«É», dizia-lhe eu: «Estás a começar a descobrir uma maneira de te ligares à tua mãe e ao Carlos. No entanto, ainda tens aquelas ideias tristes do passado, as de não te conseguires ligar ao pai e à mãe. Quando pensas assim, desesperas e sentes que nada de novo pode resultar.»

«Olha, vou ligar as máquinas», respondeu-me, aliviado, enquanto ligava as três carruagens.

Pôs de lado o comboio e descobriu uma caixa grande, cheia de coisas dentro, «Ih! É um barco enorme!», disse ele cheio de admiração.

«Pois é, afinal é o que tu achas do Carlos. Estás a ver como podes crescer e ser diferente do pai? Podes aprender a crescer também com o Carlos.»

Na mesa começavam a surgir mais barcos: «O barco grande volta atrás para ir buscar o pequenino», dizia ele. Observei que o barco grande tinha a ele atracados dois barcos mais pequenos. Afigurava-se-me que o barco grande era o terapeuta que tinha, de um lado, o barquinho Paulo e, do outro, o barquinho Carlos. A criança ainda não era capaz de fazer a ligação direta com o Carlos e mostrava-me que queria fazer essa transição do afeto do pai, representado, dantes, como o comboio, para o pai-Carlos, desta vez representado como um barco, mas a criança precisava da minha ajuda para fazer essa transição. Interpretei-lhe, então: «Contas comigo para te ligar ao Carlos, porque ainda é difícil teres dentro de ti uma família nova.»

O barco grande, desde aquele momento e até ao final daquela sessão, levava e trazia pessoas que iam trabalhar e que passavam de barco para barco, enchendo uns, esvaziando outros, levando, trazendo, numa intensa atividade social: era o resultado de poder pensar uma família nova, na qual começava a ver-me como o objeto de apoio. A criança aprendia, através de mim e da relação comigo, a relacionar-se com os outros. Na vida fora das sessões também estava mais aberta e centrada nos outros; com mais disponibilidade para aprender, para fazer amigos e com muito menos sono na escola.

O crocodilo tem uma boca grande, mas é possível aprender a crescer, a não ter medo

Nas semanas seguintes a criança constrói aviões de plasticina, uns que levantam voo, outros que se partem ou vergam com o peso da depressão, não chegando a descolar.

São esperanças e desesperanças que se vislumbram na sua vontade de voar para outras paragens sem destroços, nas suas tentativas de arranjo de locomotivas, atingidas por sérios danos. São reparações que havia andado a fazer desses estragos, das suas tristezas, as quais havia tido com a mãe e com o pai. Significavam ainda movimentos de separação destas avarias para poder aprender a deixar o passado.

Havia os aviões que voavam para longe de si, tal como o pai que dele se afastava, esperando igualmente de mim a rejeição e a indisponibilidade. «Já acabou?», perguntava a criança assim que iniciávamos as sessões.

Eu dizia-lhe: «Ainda nem começámos! Que pensamentos mais tristes que te vêm à cabeça. Até parece que vês em mim o pai, com quem gostavas de estar mais tempo. Até me vês como um pai que promete brincar contigo e depois te manda logo embora.» E quando, ao longo das sessões, me perguntava o mesmo, sempre nos momentos de maior entusiasmo, respondialhe de forma amena: «Quando as coisas são boas pensas logo que vão acabar. São pensamentos infelizes. Como quando queres estar com o pai e achas tão bom, sentes que acaba logo. Ficas com a impressão de que na vida tudo tem de acontecer da mesma maneira. Mas como vês não é assim. Aqui é diferente, tal como na escola, tal como em casa.»

Cerca de dezoito meses após o início do processo terapêutico, a criança deixara de falar do pai e de adoecer quando se encontrava com ele e começava a dar-se francamente bem com o Carlos. O pai, no entanto, continuava a prometer estar com a criança e que iria brincar muito com ela. A criança ficava contente, mas já não acreditava naquelas promessas. Um dia, na casa do pai, após este lhe ter prometido levá-lo ao parque de diversões, adormecera, tal como havia feito no passado, quando frequentava a creche. Sobre a manhã acordara com o pai a despedir-se dele, esquecido já do que havia combinado.

Paulo viria a passar o resto do dia a perguntar pelo pai. Surpreendentemente, nos dias que se seguiram, acordaria bem-disposto e, durante o fim-de-semana, não se lembraria mais do assunto, aproveitando bem o tempo passado com o Carlos num passeio de barco.

Na sessão que se seguiu a este episódio, do qual Paulo parecia ter conseguido sair, por si próprio, após uma noite de sono, construiu dois aviões que haviam levantado voo. As suas rotas estavam em colisão frontal. Ele conseguia evitar sempre o pior com manobras de emergência bem-sucedidas. A sua concentração era total para que pudesse evitar o choque. Ia-lhe interpretando o cuidado que precisava de ter para crescer sem chocar com o pai e para aprender a ser um avião que voasse na realidade.

Fez um trejeito com a boca, exclamando: «É o crocodilo!». E fabricou cuidadosamente um crocodilo de plasticina, aperfeiçoando especialmente a boca: «É um crocodilo!», repetia. Desmanchara-o rapidamente, quase nem me dando tempo para o apreciar e passou de imediato para outra construção.

«Estou a fazer um bichinho de conta», dizia com um ar doce, contrastante com o seu estado de espírito anterior. O bichinho de conta era uma língua de plasticina espalmada que colocava com cuidado na palma da mão de modo a que eu a visse. Mostrava-me como se sentia pequenino, desprotegido, quando se aproximava do pai rejeitante, um pai-crocodilo, e mostrava-me o seu desamparo e a sua fragilidade como um bichinho de conta, quando sentia perder o pai.

Aliviado, terminou a sessão construindo um avião que eu percebera ser de uma qualidade emocional diferente. Pediu para mostrá-lo à mãe que estava na sala de espera. Representava na sessão algo que já havia começado a poder pôr em prática no seu quotidiano: o seu desejo de ir ter com o Carlos para não ficar «bichinho de conta», desamparado, sem pai.

Nas semanas seguintes, em todas as sessões e após as reparações dos comboios avariados e da construção de aviões, dedicava sempre uma parte da sessão ao tratamento do bichinho de conta. A criança levava-o a comer a terra, punha-o na lata a dormir, pedia-me para eu segurar nele. O bichinho de conta enrolava-se todo sobre si próprio e transformava-se numa bolinha. Cabia todo na palma da sua mão e entregava-mo com muito jeito para eu guardá-lo na casota. Ia, depois, descobri-lo e tratá-lo. A atmosfera destes cuidados era cheia de envolvimento, de ternura e de cumplicidade.

Ele podia viver ali comigo o seu lado frágil, que ficara sem ossatura porque tivera uma grande perda, a do pai, mas nascera a esperança de poder crescer e de tomar conta de si através da minha ajuda. Pedia-me segredo e muita intimidade. Nos momentos em que cuidava do bichinho de conta, falávamos pouco e baixinho. Estes sentimentos não deviam ser exibidos.

Uma operação de salvamento no fundo do mar: desencalhar um barquinho chamado Paulo

O Verão vinha aí, e, com ele, desenhavam-se alterações importantes na vida da criança. A mãe decidira ir viver para Aveiro, terra natal do Carlos. Interromper o processo terapêutico naquele momento poderia prejudicar o tratamento. O Paulo passaria a estar comigo só uma vez por semana. E assim aconteceu.

Estas mudanças, assim como as férias, haviam provocado nele uma perturbação psíquica muito semelhante àquela que havia vivido nos primeiros anos de vida, quando a mãe saíra de casa com ele. Havia deixado de saber o meu nome, deixara de saber onde estava, e as sessões haviam voltado a ser de grande inquietação, de destrutividade e de confusão. Estávamos cerca do vigésimo primeiro mês do processo psicoterapêutico e ele injuriava-me incessantemente, tal como o pai fizera quando estava aborrecido com a mãe: «Chega para lá, merda!», repetia, não me querendo ouvir. Cortava aos pedacinhos as suas construções, os barcos, os aviões. Ia-lhe interpretando, naquelas sessões conturbadas, o quanto ele me fazia sentir o seu medo de me perder, lá longe, em Aveiro; o medo de que eu me esquecesse dele, que fizesse como o pai, que fosse para longe, e me esquecesse. Agia como os namorados zangados que não queriam deixar lembranças um do outro quando se separam: «Tratas-me mal, destróis tudo o que fizeste comigo, deitas fora as nossas recordações, esqueces o meu nome».

Ele sentira-se traído, ao pensar que eu «namorara» com outros meninos.

O conflito edipiano e a noção do terceiro haviam entrado explicitamente no teatro terapêutico. A criança voltava a assegurar-se que, afinal, podíamos continuar juntos, que iria esquecer aquele «arrufo», e poderia passar literalmente uma borracha sobre o assunto. Desenhava traços com violência para depois os apagar, enquanto me ouvia, já menos zangada. A criança ia deixando para trás a sua depressão, construindo uma nova vida mais recheada de alegria e de relações.

No entanto, a dor mantinha-se profunda e a desconfiança ainda era grande. No final das sessões tinha necessidade de destruir tudo o que havia feito comigo. O consultório ficava invadido pelos destroços das brincadeiras, sinalizando de novo a impossibilidade de me levar inteira consigo. Parecia pensar que, se tínhamos de nos separar, nada podia restar de pé, para não haver saudades.

Porém, nem tudo estava perdido e, cerca de dois meses mais tarde, a criança construiu um barco que começava a navegar, mas que ia ao fundo. Pedia-me ajuda para que ambos, em conjunto, ligados por uma corda, pudéssemos recuperar a embarcação. Esta era muito pesada, mas conseguimos erguê-la. Eram momentos de grande tensão, de força e de união. Juntos íamos ao fundo do mar recuperar os sonhos da criança, aliviar aquela dor de chumbo que o encalhava. Dor por se pensar encalhado, de pensar que me perdera, e, sem a minha amarra, não poder mais vir à superfície; sem a nossa amarra não poderia ligar-se ao pai-Carlos.

Paulatinamente vai retomando a confiança perdida, sentindo que podia viver momentos de dor na vida sem ficar para sempre encalhado. Paulinho ia sozinho para o mar, deixando-me a mim no cais, para ir ao fundo do mar salvar o barquinho. Este já lá não ficava, no fundo do mar. Começava a vir à superfície por si próprio.

No meio da escuridão, que ele identificava umas vezes com o fundo do mar e outras com a noite, o Paulo ia acendendo e apagando a luz do candeeiro. Eu ia comentando a alternância do dia e da noite, a alternância dos nossos encontros e dos nossos afastamentos, da alegria de estarmos juntos e das saudades, e do ritmo de sabermos que ora é assim ora não é; que não seria sempre noite nem sempre dia na vida do Paulo; que seria bom aprender estas coisas que davam coragem para viver. «Por vezes vamos ao fundo, o que importa é depois virmos ao de cima».

Uma estrela guia na noite

E enquanto isso acontecia, Paulo acendia e apagava a luz. Eu interpretava que ele, ora fazia de conta que dormia longe de mim, em Aveiro, ora estava perto de mim a restaurar uma continuidade que se estabelecia num ritmo de alternância.

Construía barcos com motor. Motores que funcionavam. Era um sinal da sua capacidade para poder pensar. E a sua alegria era imensa e ia, no final das sessões, mostrar à mãe um motor que funcionava. E ficava contente de eu o guardar, desta vez sem ser em cacos.

Numa das operações de salvamento do barco, perto do vigésimo sexto mês da análise, Paulo, deitado no chão, no àvontade conquistado na relação psicoterapêutica de modo a ir ao fundo do mar buscar o barco, com o à-vontade de entrar na noite dos seus pensamentos, olhou para o firmamento e apontou: «Olha uma estrela! Lá ao fundo, uma estrela.»

«É o Paulo a nascer. É a estrela que anuncia o nascimento do Paulo. Como o menino Jesus. Um Paulo contente, cheio de esperança na nova vida, na relação comigo, no seu renascimento», ia eu dizendo.

Olhou espantado e contente para mim: «Como é que te chamas?» Não sabia o meu nome, porque eu também era outra. Era agora a companheira de brincadeiras, da alegria do Paulo. Já não era a companheira das tristezas. Porque havia nascido uma estrelinha anunciando o nascimento de um novo Paulo. Alegre, feliz, com uma boa estrelinha.

Iniciava uma brincadeira primitiva comigo. Escondia-se atrás do reposteiro, enquanto eu dizia: «O Paulo não está cá. Aonde está? Foi para Aveiro. Foi-se embora.» E ele saía para fora da cortina, rindo-se e fazendo-me rir: «Olha, afinal está cá!» E repetia o jogo, enquanto íamos acrescentando mais e mais significado à brincadeira. Ele estava contente de estar em Aveiro, com a sua nova família, e de poder vir ter comigo.

Paulo fez o luto do pai e fez um importante investimento num novo objeto: descobriu o pai-Carlos, os amigos, e a alegria de viver. Foram cumpridas duas etapas no tratamento da depressão: o tratamento da tristeza (reparar as avarias) e o nascimento para a alegria. Um nascimento anunciado pela estrelinha. Paulo iria entrar nesse ano para o primeiro ano do Ensino Básico. Continuava a estar com o pai com grandes intervalos de tempo e de um modo imprevisível. Paulo não parecia angustiar-se com isso.

O seu barco estava ancorado noutro porto, novas paragens que havíamos construído em conjunto, mais seguras. Quanto a mim, inesperadamente, ocorreu-me este poema de António Vera:

> um pouco de quase tudo
> põe jardins onde era nada,
> empresta espelhos à luz,
> e acende a estrela apagada.

in *cursivo menor*, 1998.

CAPÍTULO 3

DA PERDA E DA TRANSFORMAÇÃO

Momentos de perda e de transformação: considerações teórico-clínicas no âmbito na nova relação

Abordo neste capítulo a problemática da perda e da transformação sob o ângulo da nova relação, ou seja, como, perante a perda, a nova relação opera a transformação sanígena. Irei debruçar-me particularmente sobre a perda que, não dizendo respeito à morte ou à perda de uma relação afetiva significativa configura-se porém, na clínica, como um sofrimento de luto por um projeto pessoal perdido, com sequelas arrasadoras sobre a representação do *self*.

Foco o tratamento da pré-psicose de tendência paranoica no homem e referir-me-ei às consequências da perda de uma parte da idealidade do supereu que arrasta consigo a perda do correlato mandato moral inconsciente parental que, até ao momento da perda, sustentava e dava um sentido missionário à vida do paciente.

O paradoxo é que, sendo este um desfecho positivo esperado de um processo analítico – a perda e a transformação dos objetos enlouquecedores (Searls, 1965a; Badaracco, 1996) e das suas relações internas destrutivas – tal perda pode deixar o sujeito exposto ao caos psíquico que uma construção caracterial, psicopática, encobria. O paciente não retira ainda prazer daquela separação, embora ambos, psicanalista e paciente, concordem que a relação patológica internalizada não era libertadora, mas sim subjugante.

O paciente sente-se enlutado, a vida parece-lhe infame, destituída de uma aura de glória mas, pela representação do paciente no interior do analista e pela análise do enactement, ou seja, «a forma como o analista e o paciente atuam verbal e não verbalmente um sobre o outro, uma forma continuada de comunicação inconsciente, a influência interpessoal e de persuasão entre o paciente e o analista» (Jacobs (1986), *apud* Coderch, 2001: 134), ambos descobrem que aqueles ideal e missão são pastiches das soluções do objeto paterno paranoico e a sujeição a eles, uma realização do modo de amar feminino, em identificação com o objeto materno masoquista.

O papel da nova relação na reconstrução narcísica e na vontade de viver

É pelo trabalho da nova relação internalizada nas mentes do psicanalista e do paciente que se operará a distinção e a separação da idealidade patogénica dos objetos da idealidade nascente do sujeito.

A nova relação – cuja perspectiva constitui uma mudança de paradigma (Coimbra de Matos, 2016) – é única, afetiva e intelectualmente distinta de todas as que o paciente viveu. São o olhar atento, empático e devotado, acompanhado da memória imagética e diacrítica que o terapeuta tem do paciente, bem como uma sólida compreensão da patologia deste, que criam as condições para uma escuta total, quer do expresso quer do omitido, quer do positivo quer do negativo (Bion, 1973), quer do recalcado quer do suprimido (o *verwerfung* de Freud (Freud, 1918 [1914], ou o *forcluído* de Lacan (Lacan, 1959) que, no caso da psicose e da pré-psicose, se torna mais relevante.

A disciplina de autoanálise do psicanalista, a atenção aos seus pensamentos e às suas fantasias, à contratransferência, ao enactement, à contra identificação projetiva (Grinberg, 2001) iluminam o rejeitado, o clivado, do paciente, que surge, por vezes, como se de uma alucinação se tratasse aos olhos do analista. A atenção concomitante deste à nova relação complementa os instrumentos fundamentais na terapia do paciente assimbólico.

O psicanalista é o principal responsável por esta nova relação e, perante os danos precoces que está a tratar, deve proteger e amparar por completo a fraqueza do paciente, cujas relações patogénicas com os objetos não foram ainda refletidas, ou seja, simbolizadas.

A transformação ocorre pela imersão na nova relação que possibilita a nova significação e a nova construção de uma relação interna que vão ao encontro das necessidades resultantes das perdas do passado: o paciente e o psicanalista formam uma unidade. O paciente não tem, nesta altura, nem consciência da falha da relação com os objetos nem da tranformação que nele se está a operar. O psicanalista mergulha numa atenção total, numa identificação empática, semelhante à que Searls (1982) e Langs (1974) denominaram de *simbiose terapêutica* e Winnicott (1960a) designou de *preocupação materna primária* para descrever o estado de devoção da mãe para com o recém-nascido.

Esta simbiose transforma a dupla paciente-analista: o primeiro internalizará uma nova relação de objeto, saudável e criativa, a qual representará uma clivagem saudável com o passado e constituirá um ponto de abastecimento presente e de ancoragem futuro no afinamento e na compreensão das experiências da vida; o segundo, o analista, também deverá adquirir uma nova representação do paciente e da sua relação com ele, as quais permitirão discernir melhor entre o potencial do paciente e as suas dificuldades.

Na ótica da reconstrução do narcisismo, refiro-me ao momento em que o narcisismo primário vivido na nova relação se oferece como alternativa ao deficiente eu ideal da infância megalomaníaco e omnipotente, dados os deficientes investimentos narcísicos dos objetos – e se oferece também como alternativa ao ideal do eu (Chasseguet-Smirgel, 1973) que, outrora erguido sobre as exigências loucas dos objetos quanto às formas de alcançar amor e reconhecimento, começa agora a projetar uma esperançosa realização de si. Primeiro vem a imagem que o analista reflete do *self* autêntico do paciente, depois a construção da sua, à medida que se descobre capaz, empreendedor e em relação.

O paciente que ronda a psicose manifesta, ao olhar atento do psicanalista, uma incapacidade para viver na realidade e a ela sobreviver. O analista está atento à patologia psicossomática, a gestos de descuido e à dificuldade, experimentada pelo paciente, em proteger-se; por vezes o analista interroga-se se o paciente sobreviverá no intervalo das sessões. Baseando-se neste cuidado o analista mantém viva a memória do paciente no seu mundo interno e pode acontecer-lhe pensar nele: como estará o paciente num dado momento do quotidiano?

Não espero encontrar, assinalando um bom desfecho da vivência deste período, as memórias dos cuidados que o psicanalista dispensou, mas sim a introjeção, por parte do paciente, desses cuidados para consigo próprio e que resultam no prazer de viver. Dito de outro modo, um bom resultado desta nova boa relação será a pujança da pulsão de vida, conceito onde Freud englobou, na sua segunda teoria, as pulsões sexuais e as de autoconservação, por oposição à pulsão de morte. O paciente está vivo e quer viver (Freud, 1920; 1930), está atento aos seus próprios sinais de pedido de socorro e pode já pedir ajuda. Pode não haver ainda consciência da dádiva da nova relação e, por esse facto, não haver gratidão, mas pode transparecê-la emocionalmente, e o psicanalista reconhecê-la, sem haver necessidade da interpretação direta.

Sobre a transformação das relações dos objetos

No tratamento da pré-psicose paranoica, em que a depressão assoma, a transformação terapêutica obriga ao questionamento das orientações até então seguidas. É o abandono do trilho já conhecido, a perda da identidade alienada – a dos objetos introjetados – e a tomada de posse da sua, em edificação. Podem ocorrer momentos de desamparo e de caos, mas importa reconhecer que a parte saudável do *self* só não é incipiente agora porque se fortalece na nova relação internalizada. Só assim se enfrenta o caos do passado que levou à deformação, à evasão e à submissão aos objetos. O terror não é vivido como se, como uma fantasia, mas sim como uma realidade, de tal modo que o paciente sente-se pior e pode emergir uma reação terapêutica negativa. São momentos delicados do processo de perda e de transformação sanígena, acompanhados de verdadeiro nascimento, no qual se joga o futuro do paciente. Tendo sido a relação interna entre o *self* e os seus objetos, constituída com valor defensivo de sobrevivência, o seu abandono pode deixar o sujeito submerso na psicose.

O reencontro com a realidade intolerável faz-se a dois e já não é necessário substituí-la por uma nova realidade, em sintoma, em delírio, ou recobri-la por ser impossível a sua simbolização. Freud considerava que o cerne da questão da psicose estaria na incapacidade do *eu* em lidar com as exigências feitas pelo mundo externo; penso agora que a incapacidade do eu foi, outrossim, a incapacidade dos objetos e o que foi *verwefung*, rejeitado, não foi a realidade, mas sim as necessidades do eu.

Muito frequentemente é a depressão grave e também a paranoia dos objetos que emergem, num decalque identitário de várias gerações de clones, uns déspotas, austeros, severos e violentos e, outros, a eles expostos, desamparados e assujeitados. É a parelha objetal enlouquecedora. À semelhança do caso Schreber (Freud, 1911), vislumbra-se no paciente a paranoia, a rigidez, a moral e o autoritarismo do pai e, muito frequentemente, a melancolia da mãe. O estado de subjugação inicial total vivido na infância, quer ao sadismo do pai quer ao masoquismo da mãe, é fundamental nesta etiopatogenia (Niederland, 1960).

Paranoia e melancolia são duas facetas dos objetos ligadas pela sintomatologia de desrealização, como um esforço efetuado pela psique para recuperar da divisão ou da clivagem (Klein, 1946). É como uma colagem de peças avulsas, uma tentativa de reversão que não chega a inscrever-se num movimento depressivo verdadeiramente integrador e simbólico. A faceta da depressão, em frequente identificação com a mãe martirizada, apresenta – como Freud definiu em *Luto e melancolia* (Freud, 1917) – os sinais de luto: a dor da perda do objeto, a ambivalência e a regressão da líbido e, ainda, os sinais da melancolia: a diminuição da autoestima, o definhamento do ego e o masoquismo. A faceta da paranoia, que Freud (Freud, 1911) concebeu como defesa contra a líbido homossexual, apresenta uma expressão narcísica, megalómana e projetiva do eu ideal e aparece muitas vezes associada ao ciúme, a vivências de cariz ideal, religioso ou militarista.

Ilustração clínica

Apresento um caso que segui por cerca de cinco anos em psicanálise até ao final da adolescência e que se reiniciou doze anos depois sob a égide do luto da perda de uma carreira desportiva idealizada. Da primeira fase do percurso apresento um resumo. Os pais tinham procurado ajuda para o filho que, sendo inteligente, era incapaz de aprender. «Suicidar-se-ia, se não fosse o temor a Deus», dizia. A sua convicção era a de vir a tornar-se um vagabundo. Manifestava um conjunto de tiques, de comportamentos anti-sociais, de queixas picossomáticas desde a primeira infância – vómitos e reumatismo articular agudo – agressivo, sem amigos, sofrera de encoprese e de incapacidade para dormir sozinho – refugiava-se na cama do irmão, mais velho – até ao início do processo terapêutico.

Daquela época da relação, recordo a transformação do quadro, quer a nível sintomatológico quer estrutural quer, ainda, familiar, e a boa relação internalizada que o tornou um aliado da função analisante nascente (Coimbra de Matos, «A função analisante», 2002). Criado numa família tradicional, a mãe derase conta da toxicodependência do marido quando estava grávida deste filho. A adaptação mãe-bebé fora trágica: o bebé chorava dia e noite, vomitava e não dormia. No jardim de infância a mãe descobriu que o marido se injetava em frente do filho e agredia-o. Mudara-se para a casa dos pais com as crianças à procura de amparo. O filho temia o pai e representava-o como uma figura deformada, assustadora, e recusava-se a falar com ele. A estada temporária na casa dos avós maternos, enquanto o pai estava internado em tratamentos de desintoxicação, não fora melhor. A avó materna sofria de explosões de raiva cuja memória a mãe recusava. Num desses acessos de cólera, a avó deixara-lhe a cara em sangue. A mãe descobria e rejeitava a malignidade dos seus próprios objetos. Desesperada, aceitou, mais tarde, a minha recomendação de psicanálise.

A identificação com o desespero e com a depressão maternos (a mãe pensava no suicídio desde a adolescência) e a correlata falência do objeto primário, onde englobamos os cuidados maternos e os paternos que, em emersão com o ego inicial frágil do bebé, vão ao encontro das necessidades deste, constituindo a base das experiências da omnipotência e do narcisismo primários e, ainda, a base do prazer criativo que torna a vida merecedora de ser vivida, foram objeto de profundo trabalho analítico.

O prazer de viver e de relação, o narcisismo autárcico (Coimbra de Matos, «Percursos da identidade: processos transformadores», 2002), a projeção esperançosa de si, consolidaram-se pela internalização da nova relação, pelas suas funções continente e criadora. O pavor de se tornar vagabundo refletia uma memória do trauma, um vaticínio e uma ausência de esperança no futuro. Expressava o terror vivido pela exposição aos objetos desamparadores e a projeção inconsciente de partes castradas destes sobre o *self* do paciente (Torres de Beà, 1986). O paradoxo era que, vir a ser um vagabundo como o pai – desempregado e toxicodependente – não estava para acontecer, já tinha acontecido: ele fora um bebé de vagabundo, exposto pela incapacidade dos progenitores.

Na transferência, o ódio libertado pela reencenação e pela revivescência deste passado clivado e recusado era ejetado, não só como um sinal de impossibilidade de simbolização, dada a sua brutalidade, como também era um gesto de pedido de auxílio à nova relação. A zanga era evacuada em *acting-outs* delinquentes: riscava os carros em sítios ermos ou praticava pequenos furtos com os amigos. A zanga também era convertida em sintomatologia psicossomática: os tornozelos inchavam, ele arrastava-se como um velho incapacitado, encenando com o corpo o sadismo dos objetos. Acontecia-lhe projetar essa zanga, delirantemente, no exterior: sentia-se perseguido por olhares malevolentes. Expelia também a sua zanga na própria musculatura: sobrevinham os tiques e as contraturas violentas que deformavam o seu rosto.

A meio desta fase de análise, a mãe separou-se do marido, o qual reagiu violentamente: revoltado, pois finalmente tinha conseguido emprego e abandonara a droga, reaparece a faceta paranoica, assustadora e moralista do pai que não é capaz, sequer, de um gesto de reconhecimento perante os sucessos psíquicos, escolares e sociais do filho. Este mergulha num édipo violento e culpabilizador: as fantasias edipianas pregressas de eliminação do pai emergem nos receios da morte deste por acidente ou por suicídio. Ambivalente, culpabilizado, sempre a tentar reparar o pai, carente e identificando-se com a mãe e com o seu masoquismo, o que lhe diminuía a autoimagem viril, era o único a suportar o convívio com o pai e a não abandoná-lo. Finalmente, o pai aceitou uma terapia, se bem que breve.

No término deste período de análise, o paciente realizava-se nas duas áreas que Freud indicou como as fundamentais que assinalam a cura: a profissional, escolar, neste caso, e a amorosa; também todos os elementos da família nuclear tinham passado por um processo terapêutico. No entanto, surpreendia-me a pensar nele: como estaria?

Doze anos depois, recebo uma chamada sua, tinha agora quase trinta anos. Claro que me lembrava dele. Na hora marcada, ao abrir a porta, verifiquei que havia sido engano. Era um cavalheiro sorridente, com um ar asseado, bem composto, saído de um filme de Hollywood dos anos trinta, olhar colocado no infinito, um sorriso rasgado, um porte em sentido. Recompus-me. Era ele, sem dúvida. Disse-me que já deveria ter vindo há mais tempo: ajudara-o muito nos estudos mas, com as mulheres, fora fantástico. Era um bicho! Não falava a ninguém. Agora vivia com uma rapariga. Contava os seus sucessos e partilhámos a alegria do reencontro.

Havia terminado os estudos superiores e iniciara uma carreira promissora de engenharia, que abandonara para integrar a de piloto de automóveis. A sua cara voltara a deformar-se pelo efeito dos tiques, há muito abandonados. Aos meus olhos apareceu a criança atormentada de outrora mas, agora, recoberta por uma carapaça dura em desmoronamento. Na minha mente emergiu a imagem do pai hirto, prestes a explodir, a qual havia conhecido no passado. Escutei-o, perplexa. O paciente chorava e recriminava-se: a sua carreira de piloto não era bem sucedida. Eram dias e dias nas pistas: a insónia, a dor física, a exaustão. Ficou «maluco». Uma noite, um colega disse: «Vamos abandonar as competições», e ele concordou. Fugiram do campeonato e andaram incontactáveis durante alguns dias. O pai tentou readmiti-lo nas provas, embora sem sucesso. A sua exaustão física era tão grave que necessitou de internamento hospitalar. O amigo também se encontrava em condições idênticas e temeu-se que viesse a falecer. A preparação física era brutal, mas não conseguia viver com este fracasso. A vida, fora das competições, não fazia sentido: perdida esta vocação, nada mais lhe interessava. A companheira e os amigos não percebiam esta dor psíquica. Acordava e deitava-se a recriminar-se. O pai apoiava-o e dizia-lhe que ele já havia feito muito, mas ele perdera o prazer de viver.

Falei-lhe de um luto por fazer: o da perda de um ideal, de um projeto; mas sublinhei que o mais importante fora ter escutado a sua vontade de viver: fugira de um martírio, de um sacrifício; havia sido uma manifestação de saúde mental, essa, e a de procurar-me agora.

A sua face iluminara-se: era o que o pai lhe dizia: «Se lá tivesses permanecido, talvez não estivesses agora vivo, filho». Mas valerá a pena viver assim? – interrogava-se. Mergulhámos numa segunda fase da análise, desta vez a três sessões por semana. Era o único da família que estava bem até há pouco tempo. A mãe refizera a vida mas estava presa ao irmão, psíquica e socialmente incapacitado; o irmão não fora bem sucedido na psicoterapia. Lembrava-se do que havia sofrido com a depressão e com o masoquismo da mãe e com a agressividade e o desacompanhamento do pai, mas o relacionamento estava a ser bom com ambos atualmente e reconhecia a importância dos valores que estes lhe haviam transmitido.

Retomámos o ponto em que havíamos ficado no passado. Carente do afeto do pai, este passou a ser o seu melhor amigo; a companheira não compreendia esta proximidade. «Parecem a sombra um do outro», queixava-se ela. Prisioneiros de uma relação inconsciente de culpa: o pai, pelos maus-tratos e pelo abandono do filho, no passado; o filho, prisioneiro do sentimento de culpa, da zanga e da revolta contra o pai. Ambos estavam empenhados em se salvarem mutuamente. O pai tentava valorizar o filho perante o fracasso da carreira desportiva, e o filho tentava salvar o pai da depressão e das doenças súbitas que o acometiam. Esta carência e dependência fizeram-no duvidar inconscientemente da sua masculinidade. Surpreendera-se da relação que descobrira existir entre essa dúvida e a correlata compensação numa faceta de conquistador «grosseiro» que escondia da companheira, para si já pouco atraente. Incapaz da responsabilidade do matrimónio, muito menos da paternidade, sentia-se culpabilizado deste seu comportamento quase delinquente.

Numa sessão em que se recriminava pela perda da carreira desportiva, lembrei-lhe o seu velho temor de se tornar um vagabundo. Abandonar o ideal da competição, parecia expô-lo àquele terror antigo. Apoiada pela análise do enactement do reencontro inicial – a imagem artificial do cavalheiro que quase me parecia de propaganda – pude dar um sentido a esse material rejeitado, não simbolizado e postiço: bem como o medo de se tornar um vagabundo fora uma projeção da incapacidade do objeto introjetado, até que ponto é que o ideal da vida desportiva não representava uma defesa relativamente a esse futuro de pesadelo, ou uma forma de se valorizar aos olhos desse objeto? Dito de outro modo: até que ponto é que aquele ideal nascera do âmago de si mesmo?

Suspenso pelas minhas palavras, lembrou-se de que o pai também seguira e abandonara a carreira de piloto de automóveis, mas era um segredo que só ele sabia. Fora expulso por comportamento anti-social: sabotara o automóvel de um rival. O avô paterno também fora piloto; era um homem intratável. O pai do paciente e toda a família sofrera muito às mãos desse avô tirano. Era um homem de grandes valores, de grandes ideais, bem sucedido, mas terrível, disciplinador e violento. Toda a família ficou perplexa quando, após a sua morte, se soube que fora um benemérito generoso de famílias carenciadas. Em vida havia sido incapaz de dar afeto aos seus.

Perfiguraram-se então, aos seus olhos, a patologia do pai e a solução idealizada deste para receber o afeto e a admiração do avô e a sua própria patologia. Relacionou o sentido missionário que dera à vida desportiva com o mandato inconsciente do pai e a sua submissão masoquista a este. Fugir ao ideal postiço, porque era o do objeto, e descobrir o seu, parecera-lhe impossível, pois isso, para ele, era a morte do ideal, bem como a sua própria morte. Porém, sentia agora que era a vida a querer tomar as rédeas. Não era cobardia, mas estava ainda frágil nessa assunção. A verdade é que andara sempre triste e com um sentimento de fracasso enquanto estivera nas competições: cumpria um destino, unicamente animado pelo orgulho que o pai transparecia por vê-lo lá. A sugestão do pai para ele abraçar a carreira desportiva começara logo após o término da primeira parte da análise. Naquela época só queria amigos e miúdas.

Pouco tempo depois destas elaborações trouxe dois sonhos. Estava no cenário das corridas mas de fora, a ver o treinador e todos os seus companheiros a saltarem. Na mímica com que relatava o sonho, transparecia a desvitalização dos colegas. Pareciam marionetes. No outro sonho, estava numa estação de apoio automóvel e a tarefa que tinha para resolver era a de engendrar um alimento energético, reconstituinte. Apoiado na função analisante introjetada adiantou a compreensão que tinha dos sonhos, a qual não questionei. Disse: «Estou quase a compreender que este sofrimento, este luto, não é só meu. Precisava daquela carreira para me abrigar – sentia-me tão frágil, às vezes, sem valor nem futuro. O que preciso agora é de descobrir o meu caminho. Já não me sinto um inútil, como quando cheguei aqui. Fazer esta paragem consigo, reabastecer-me e prosseguir, é isso que eu preciso. A minha mulher tinha razão quando me dizia que eu parecia um maricas sempre ao lado do meu pai a pedir-lhe conselhos para tudo. Parecíamos um casal. A minha mãe aturou muito. Agora preciso de pensar em mim. Assinei ontem os papéis para um novo trabalho na área da engenharia mecânica. Acho que vai dar resultado se trabalharmos bastante. Há um mercado possível por explorar».

Concordo. Trabalhamos na transformação da identidade postiça, atribuída, na identidade autêntica, em construção e na libertação dos efeitos tóxicos da patologia dos objetos na vida do paciente. A confiança cimentada na nova relação, a atenção e a compreensão do psicanalista, bem como a crescente capacidade do paciente, aliam-se no afastamento da idealidade introjetada, patologizante, dos objetos, para a construção da autenticidade do sujeito, de modo a emergir uma nova imagem da sua identidade sexual e, ainda, para uma nova vida de relação com a companheira. A esperança e o prazer de existir confirmam a autenticidade do percurso.

A minha sina: tornar-me um vagabundo. Ajuda-me! – Um caso de psicanálise de um adolescente

Um fado a cumprir amordaça e exclui a realização do destino pessoal. O fado, ou seja, a vida libidinal e objetal falhadas. O fado, a usurpação do potencial do bebé pelas projeções parentais. Os pais, ao invés de se oferecerem como continentes de acolhimento e de desenvolvimento da mente-embrião do bebé, fazem dela continente das suas próprias partes clivadas, rejeitadas. O fado: o fracasso da função transformadora dos afetos e das experiências indizíveis em outras significativas, criativas.

A experiência transformadora nasce num espaço potencial de ilusão, de acasalamentos de amor e de conhecimento, não aleatórios, sentidos e verdadeiros entre o afeto e o pensamento, entre o *self* e o seu objeto, entre o *self* e o mundo externo.

Desvendar o destino pressupõe a liberdade, o engenho e o querer desassombrado para o construir com outros objetos significativos.

A imposição dolorosa de uma sina surge na consciência como uma revelação temível da própria pessoa, mas é afinal uma revelação temível de um outro, alienígena. O caso relatado, de uma psicanálise de um adolescente, podia justamente intitular-se: «A minha sina é tornar-me um vagabundo. Ajuda-me a descobrir o meu destino».

Se o par analisando-analista o conseguiu, se o processo analítico desse propósito se aproximou, ou se a nova relação o permitiu, é o que queremos partilhar com o leitor.

Para a atual elaboração muito me ajudaram António Coimbra de Matos, Donald Winnicott e Christopher Bollas.

Um interior que se esvazia. O desespero numa depressão de abandono

Guilherme fazia psicanálise há dois anos e meio, tendo, na época, catorze anos e meio. Vinha às sessões de uma cidade do interior do país, duas vezes por semana. No primeiro ano da psicanálise havia reprovado.

Antes da análise, reagia com violência à ideia de estudar: rasgava os livros e gritava dolorosamente. Os pais tinham deixado de insistir com ele: achavam que era inútil. Insociável, Guilherme não tinha amigos. Os pais pensavam que ele nunca aceitaria falar comigo.

Frequentava a escola pública e tivera, sem resultado, um professor particular. Receava tornar-se um vagabundo. Dizia que queria morrer, mas que não era capaz de se matar por causa de Deus. A mãe, na entrevista inicial, disse-me que ela própria, desde a adolescência, tivera ideias suicidas.

Os pais, profundamente religiosos, no início da análise, viviam juntos e tinham tido outro filho, seis anos mais velho. A mãe era engenheira e o pai cozinheiro. O passatempo preferido deles era viajar. Vim a aperceber-me, mais tarde, que o pai dependia economicamente da mulher e que trabalhava e ausentava-se quando queria. No decorrer da análise ele foi mudando: passou a estar mais próximo dos filhos, e a restaurar a relação com Guilherme que, inicialmente, não falava com ele e dava-lhe o apelido de um super-vilão agressivo.

Até à entrada no Ensino Básico, o pai levantava-o, frequentemente, pelas orelhas, comprava droga e injetava-se à sua frente. A mãe descobrira a toxicodependência do marido quando estava grávida do Guilherme.

A adaptação mãe-bebé havia sido deficiente: o bebé comia pouco, vomitava muito e dormia mal. Até ao início do Ensino Básico a mãe recebera queixas do filho por causa da sua agressividade e do seu choro convulsivo. Adoecia com frequência e havia sofrido de reumatismo articular agudo nos primeiros anos de vida. Tinha tiques e roía as unhas desde muito cedo.

Numa das vezes em que o pai havia estado internado em curas de desintoxicação, a mãe e as crianças foram para casa dos avós maternos, também eles agressivos. Uma tarde, quando a mãe entrou, viu o rosto de Guilherme em sangue: fora a avó que lhe batera.

Quando Guilherme chegou à puberdade, a família foi viver para a Venezuela, onde ele melhorou. Adaptou-se bem à nova língua, mas, no regresso a Portugal, perdeu o ano, acusando os professores do seu insucesso.

Somente na adolescência conseguiria dormir sozinho, sem o irmão, e controlar a encoprese.

Durante a entrevista inicial a mãe havia-se apercebido do abandono dos filhos e, algumas horas mais tarde, telefonara-me para dizer que, se eu achasse que o melhor seria deixar o marido, ela fá-lo-ia de imediato. Estava disposta a fazer psicanálise, tanto ela como o outro filho. Recomendar-lhe-ia isso mesmo, um ano mais tarde. Senti que a mãe me caía nos braços, tal como ela havia caído nos braços da própria mãe ao mudar-se para casa dela.

Durante a análise fui-me apercebendo do carácter invasor das angústias familiares. Tive necessidade de apoiar a família para assegurar a análise da criança. A mãe iria criar uma boa aliança comigo e, mais tarde, o pai também.

Considerei que Guilherme seria um belo rapaz, acaso não fosse tão ansioso. O seu rosto era pálido e sem vida. A sua atitude corporal, dobrada sobre si mesmo, evocava-me a de um velho. Sentia a sua depressão. Não olhava para mim. Falei-lhe do nosso projeto, do facto de estarmos juntos, da minha discrição, da preocupação dos pais. Ele preferia falar em vez de brincar. A sua respiração era ansiosa. Eu sentia-o aprisionado; pensei numa certa claustrofobia. O seu rosto contraía-se. Quando tentava falar, perdia o sentido do seu próprio discurso. Contraía os ombros e as mãos, sem saber o que fazer do corpo. Pressenti no seu interior um objeto duro que ele precisava de expulsar embora intuísse que este poderia ter também uma função de apoio. Pensei num enclave autístico (Tustin, 1990).

A quinta sessão foi uma das raras, no início, em que ele falou. Começou por me fazer um resumo da sua vida, semelhante ao da mãe. Depois caiu num silêncio angustiado. Disse-lhe que ele ainda não me conhecia, ainda não sabia quem eu era nem o que podia esperar de mim. Poder-me-ia falar tudo aquilo que lhe passasse pela cabeça, podia brincar, em suma, estar à vontade.

Ele falava-me entrecortadamente:

«Venho aqui porque não sou capaz de estudar. As matemáticas enervam-me muito! Os professores também!»

Perguntei-lhe se ele sempre fora assim. Ele respondeu-me que não: só desde que havia voltado da Venezuela. A família havia ido para lá viver para acompanhar o pai durante os tratamentos de desintoxicação. Disse-lhe então, suavemente:

«Talvez sejam outras as matemáticas que te enervam, como as da tua infância de que me falaste – quando não entendias nada do que te acontecia – mas sentias e sofrias com a doença do teu pai, com o ambiente triste à tua volta. Tu vens aqui para aprender a estar mais à vontade com essas matemáticas, com esses sentimentos que não te deixam espaço para aprender o resto.»

Ele olhara para mim e, subitamente, exclamou:

«Pode ser... Quando estava na Venezuela até gostava de estudar!»

«Vês? Tu começas por pensar mal de ti próprio, mas já estás a ver, aqui comigo, que não se trata de um problema de inteligência porque até já foste bom aluno e, melhor ainda, numa língua estrangeira.»

Observei o seu relaxamento, mas pouco depois os tiques reapareceram. Falava-me num ar nostálgico:

«Na Venezuela não tinha trabalhos de casa. Podia divertir-me e brincar depois das aulas.»

Adotei um ar sonhador e observei:

«Na Venezuela tive o sonho de encontrar uma nova família. Por isso, sentia-me inteligente, com futuro. É o que eu espero de ti, Maria José, que tu me ensines a falar outra língua, menos triste, mais esperançosa.»

Senti-o, por instantes, menos tenso, mas retomou o discurso num tom fatalista:

«Perdi tantas oportunidades quando lá vivia! Não aproveitei o suficiente. Vou ser um vagabundo, sem casa, porque não sou capaz de estudar!»

«Falas como se a tua vida já tivesse acabado. Às vezes vives sem a esperança de encontrar boas condições para crescer, como se só tivesses dentro de ti uma espécie de professores-pais enervantes, maus professores no que se refere às coisas da vida. No entanto, ao reconheceres comigo que foste um bom aluno, descobres alguma esperança.»

Respondeu-me num ápice:

«Só gosto de estudar a História e conhecer o passado dos países.»

«Ah, bem!»

«Os meus pais já me disseram que vão continuar a gostar de mim, mesmo que eu não passe o ano!" Assumiu um ar sombrio: "Os meus colegas gozam comigo quando não sei a matéria!" E, mudando de tom: "São estúpidos, não sabem o que eu sei... Às vezes sei a resposta, mas não sei responder.»

«Tu sabes que sabes coisas difíceis para os teus colegas, mas o que tu não sabes é que às vezes projetas para cima das matemáticas e dos professores a revolta que tens contra o teu passado, a tua vida, os teus pais. Então ficas confuso e não és capaz de aprender.»

«Em Portugal os professores são injustos. Para os mesmos erros, dão castigos diferentes.»

«É verdade. As injustiças existem, mas também existem bons professores. É preciso ir estando atento. A maior injustiça foi a de teres tido professores-pais que te deram menos do que tu precisavas e exigiram-te, como se te tivessem dado muito. É isso que te tira a vontade de estudar.»

«Não sei. O meu pai era muito mau quando estava drogado.»

«Então, sabes...»

«Antigamente falava com Deus, mas hoje prefiro ver os livros de História. Antigamente tinha a mania da perseguição, que ninguém gostava de mim. Mas sinto-me melhor.»

«Quando esperas que te aconteçam só coisas tristes, sentes-te ainda um pouco perseguido e inferiorizado. Mas, aqui, descobres que és capaz de ter experiências melhores; como, por exemplo, a de descobrir que podes aprender coisas difíceis.»

À medida que avançávamos, sentia-o menos tenso. Durante os dois primeiros anos, passava a maior parte do tempo em silêncio e com tiques. Interpretava-lhe a sua necessidade de ser adivinhado; nunca havia recebido as palavras que davam sentido aos seus estados de alma. O seu silêncio era o de alguém que tinha vivido muito tempo isolado, prisioneiro de si. Era também o silêncio de vigiar o seu próprio pensamento, não o deixando correr livre e espontaneamente.

Era o que ele havia feito comigo, com os livros e com a vida: vivera numa espécie de insónia. Era um silêncio paralisante que, para ele, só devia ser interrompido por pensamentos «extraordinários». Isto diminuía-o: preferia estar calado em vez de falar, preso pelo medo de fazer figura de «burro». Era um silêncio também de raiva, quando transferia para mim os pais agressivos, pouco disponíveis, distraídos e frustrantes. Nesses momentos fazia abortar qualquer pensamento nascente.

O cenário catastrófico de tornar-se um vagabundo parecera-me uma projeção no futuro de uma parte dele próprio, tornada violenta por não ter encontrado um chão seguro, um espaço para nascer (Bégoin, 1994; Winnicott, 1971). Projetava a sua pobreza afetiva no futuro (Bollas, 1989). Temia tornar-se a encarnação de um pai doente e castrado.

Durante quase toda a análise, iríamos abordar esta visão persecutória, determinada também pela culpabilidade de não estudar, de não ter conseguido aprender a ser nem um bom filho nem um bom pai nem uma boa mãe de si próprio; possuía a culpabilidade de atacar os pais através dos ataques aos professores.

Durante mais de ano e meio iria ter pouco passado e um longo futuro aterrorizador. Parecia não ter memória.

Na sua opinião, as crianças pobres teriam muito mais razão de queixa do que ele. Mais tarde, iria descobrir que seria mais fácil compreender e ajudar estas crianças: ao menos elas sabiam do que se queixar, ao contrário dele.

Interessavam-no as guerras e os carros de corrida. Fazia coleções de cromos relacionados com a guerra e de miniaturas de automóveis desportivos. Quando começou a construir uma história pessoal disse-me: «Eu estava muito mal! Só pensava em desaparecer!»

Estivera aprisionado num espaço impermeável às novas experiências.

Um mês depois do início da análise conheci o pai, o qual se mostrou contente pelos progressos do filho. Pela primeira vez na sua vida o pai via-o feliz com um adulto. Achara-o menos tenso e a melhor prova disso era a de ter aprendido a fazer as contas mentalmente. O pai desejava restabelecer os laços com os filhos e havia-lhes permitido que eles falassem do seu passado.

Enterros que são de bom augúrio

Três meses mais tarde Guilherme havia tido, durante duas semanas seguidas, o mesmo pesadelo que tivera aquando da sua vinda da Venezuela: a mãe estava doente e morria.

Ele reencontrara em mim uma nova esperança, uma nova mãe-Venezuela – aonde ele tivera o sonho de ter uma família unida em seu redor. Mas iria eu abandoná-lo, deixando-o desamparado ou iria eu ajudá-lo a realizar o seu sonho? Ele não sabia o que esperar.

Antes de este pesadelo se ter manifestado, havia começado a verbalizar a frustração quotidiana de chegar a casa, desejoso de contar à mãe os acontecimentos do dia e a encontrá-la ausente ou, pior ainda, indisponível. Nas sessões, quando projetava em mim essa mãe, não chegava sequer a lembrar-se do que me queria dizer. Estes pesadelos haviam marcado uma viragem: ele iria começar, progressivamente, a estudar com sucesso algumas matérias da escola.

Dois meses mais tarde (seis meses após o início do processo terapêutico), andava mais alegre e a relação com o pai melhorara. Começara a falar com colegas, na escola. Descobrira que não havia só professores maus, pois até começara a gostar de alguns. Os professores enervavam-no menos. Estava menos tenso nas aulas e nos testes. Antes, não era capaz de responder e, se não sabia a matéria toda, não conseguia fazer nada. Eu concordava com ele:

«Quando tu confias na tua professora Maria José e lhe falas do sofrimento que tens com os teus professores-pais, começas a poder descobrir neles as suas qualidades e, o mais importante, começas a descobrir *em ti* as *tuas* qualidades.» Ele sorria e diziame:

«Ando mais atento nas aulas.»

Não obstante algumas melhoras, este primeiro ano escolar havia sido inexoravelmente perdido, o que havia desencadeado, de novo, o terror de um futuro castrado. Também os pais não haviam investido nele e pensaram em retirá-lo das explicações. Pensaram também em reduzir a análise para uma sessão por semana. Foi necessário falar-lhes.

Quinze dias mais tarde Guilherme chegou à sessão a ponderar reduzir os nossos encontros a fim de participar nos *ateliers* de atividades físicas promovidas pela Junta de Freguesia. Expressavase de um modo entrecortado. Dizia-lhe, num jeito meio brincalhão:

«Estás a ver? E eu que estava a pensar propor-te vires mais vezes!" Ele olhou-me surpreendido e eu prossegui, com ar mais sério: "Tu vens aqui duas vezes por semana, aos nossos ateliers de musculação mental, porque não podes vir três vezes.»

Ele retirou o seu relógio de pulso e colocou-o no braço, ao contrário. Eu comentei, subscrevendo o seu pensamento:

«Ah! Estou confuso! Eu que pensava, tristemente, que ela me dispensava de vir! Que ela pensava, como às vezes eu penso, que não vale a pena estar comigo, investir em mim.»

Ele olhou em redor e eu senti-o feliz por alguns momentos. Disse-lhe que esta era uma nova experiência para ele: a de descobrir que havia alguém que gostava de estar com ele, porque, para ele, estar com ele próprio nem sempre seria uma situação agradável e fácil.

Então, ele lembrara-se de algo que me queria contar: tinha passeado, no fim-de-semana, com a família e tudo correra bem. Lembrara-se, de repente, de uma viagem que haviam feito ao norte, no decurso da qual haviam descoberto, por acaso, que haviam tido uma rutura de óleo na caixa de velocidades. Podiam ter tido um acidente mortal.

Foi então que um minúsculo grão de areia, não se sabia vindo de onde, entrara nos seus olhos. Teve de ir, aflito, à casa de banho do consultório para retirá-la. Enquanto isso eu havia pensado na existência de uma família feita de areia, engranitada, a qual ele tinha de expulsar – a falta de óleo na caixa – que não lhe oferecia nem segurança nem proteção na viagem da vida. Pressenti nos seus tiques uma espécie de manifestação muscular de uma dupla necessidade de contenção destas «areias» que, apesar de tudo, o habitavam e enchiam o seu vazio interior.

Falei-lhe do seu sentimento de segurança de base (Bégoin, 1994) – que se desenvolvia ao longo das nossas «lições de condução» – e dos seus sentimentos de abandono e de falta de segurança, os quais tinha vivido no seio da família, e que lhe haviam provocado muito sofrimento.

Logo nesse instante ele disse-me que os *ateliers* da Junta de Freguesia não eram obrigatórios e preferia vir ter comigo. Oito meses após o início da análise, os tiques haviam diminuído e ele obtivera as suas primeiras boas notas na escola. No entanto, a fatalidade parecia querer abater-se sobre ele. Durante mais de um ano iria sofrer de uma dolorosa doença nos tornozelos que tornava insuportáveis as subidas e as descidas. Subia a escada do meu consultório, apoiando-se no corrimão e na parede. A descrição do seu sofrimento físico, quando as outras crianças lhe tocavam nos tornozelos excessivamente inchados, dava-me náuseas. Sentia, através da contratransferência, a sua agonia. O mais inacreditável era que ele se tornara um bom jogador de futebol e sonhava com o momento de marcar golos. Concomitantemente recomeçava a falar-me do seu receio de não conseguir passar o ano, de se tornar um vagabundo, de se matar, como faziam, segundo ele, certas crianças quando lhes faltava um cromo da coleção. Interpretei-lhe o medo de não encontrar em mim, que era uma mulher, o cromo-pai que lhe faltava. Sem esse cromo, faltavam-lhe as forças para se suster, para marcar golos com as miúdas e para tornar-se um homem.

Momentos houve em que temi pela sua integridade física. Tinha passagens ao ato preocupantes. Um dia ia tendo um acidente grave: competia, numa bicicleta, com um carro. Ele exigia de mim uma posição paternal muito firme.

Os pais continuavam distraídos e não o levavam ao médico. Só conseguira falar-lhes dois meses mais tarde. Guilherme estava, no entanto, menos passivo e insistira junto deles. Finalmente, quatro meses após o surgimento da doença, fora ao médico. O médico, um amigo de família, dissera tratar-se da mesma doença de um familiar paterno. Guilherme curar-se-ia espontaneamente. Poderia ser operado ou esperar. Eu não consegui convencer os pais a procurarem uma segunda opinião. A sua distração era preocupante: poderia precipitar o masoquismo de Guilherme e piorar o seu sofrimento psicossomático. Guilherme, por seu lado, apercebia-se do seu abandono e da sua dependência face aos pais. Falava-me de acidentes de avião nos quais os pais perdiam os filhos ou os filhos perdiam os pais. «Eram sempre os filhos quem sofria mais», dizia-me.

Mesmo sabendo o peso real da sua doença, eu interpretava-lha de diversas maneiras. Umas vezes no sentido da culpabilidade e da separação. Ele queria fugir, seguir o seu destino, mas depois pensava – de uma forma omnipotente – que isso seria abandonar a sua família, incapaz de sobreviver sem ele. Então sentia-se culpado por abandoná-la e era punido com a doença. Era a vingança das suas partes pais-abandonados. Interrogava-me também em que medida o sintoma não representava um deslocamento de temores quanto à sua identidade e à sua competência sexual: os tornozelos inchavam, estaria grávido ou em ereção? No entanto a doença inscrevia-se na linha paterna e, na sua relação comigo, mais parecia significar um sinal de virilização na sequência dos golos que ia marcando nas balizas e na vida. Noutras ocasiões, interpretava-lhe a necessidade de viver comigo a sua dependência de bebé – incapaz de andar e de viver sozinho – o qual só contava com a mãe para o amparar e para o proteger.

Contou-me num desses dias um sonho. Estava na escola. O São José e a Nossa Senhora lançavam-se da janela e morriam. Havia no sonho um estranho sentimento de tristeza e de alívio. Depois a vida continuava: o ambiente entre as crianças era normal, como se se tratasse da morte de um pássaro.

Eu havia pensado que ele tentava separar-se dos pais internos idealizados e distantes, que o inferiorizavam e o vitimavam. De facto, ele construíra na relação comigo novos pais, mais próximos e mais humanos e, no exterior, estabelecia melhores relações com eles. O pai já não lhe batia e a mãe achava-o «mais profundo».

Com o «enterro» dos velhos pais operara-se nele uma mudança profunda, quer nas suas relações quer na própria análise. O que havia sido enterrado, os pais abandonantes e maltratantes, o duplo melancólico e narcísico, atrás do qual se escondia, quase ocultando totalmente o seu verdadeiro *self*. Através da dupla identificação comigo – enquanto mãe e pai em simultâneo – através do trabalho do negativo que aceita o traumatismo, a experiência que não acontecera, o não objeto, vai descolar-se desse duplo narcísico para começar a vir à superfície um novo *self* (Bion 1962, 1965; César e Sára Botella, 2001a). Veio-me à memória o poema «Melancolia» de António Vera (2001):

baça e fresca a cisterna
e queda e limpa a água,
tocada por um eco,
som de gelo roçando
a alheia madrugada.

no fundo da cisterna,
há dois rostos gravados:
julieta e judite,
sob um véu desolado
de lágrimas geladas,
de amor e fel tocadas.

a cisterna de gelos,
vou fechá-la com taipas,
vou cerrá-la com grades.

que os insetos não risquem
tal pista de água sacra,

que os rostos quedem quietos,
sob a água lustrosa,

e ninguém mais toque
no filtro envenenado
por relentos da história,

que uma vez me poisaram
sobre a pel' dos vinte anos,
quando o meu sol nascia,

e outra vez me molharam,
quando a noite descia,

à boca da cisterna
e da melancolia...

in António Vera, *As Pestanas de Afrodite*, 2001.

Com a minha nova bicicleta começo a esquecer a velha

Um ano escolar havia decorrido. Guilherme parecia reconstruir-se narcisicamente. Passara a acreditar nas suas competências e decidira participar numa competição de ciclismo na escola com a sua bicicleta velha. Em vez de desistir ou de rezar, como teria feito anteriormente, concentrou-se e ganhou o primeiro prémio. Sentia-se feliz.

Uma evolução significativa operara-se no que respeitava ao desenvolvimento sanígeno da pulsão agressiva. A agressividade não invadia já a motricidade: a espasmicidade inicial, os tiques e as carrancas iam desaparecendo; mais capaz de verbalizar a agressividade e menos culpabilizado quando o fazia, não dedicava o seu tempo livre a fazer coleções solitárias de objetos em busca de sensações antidepressivas; não infletia a agressividade sobre si próprio, pondo em risco o seu soma, ou seja, adoecendo com patologias psicossomáticas e com comportamentos autodestrutivos, medidas que utilizara outrora como proteção e como conservação do objeto. Começara, finalmente, a utilizar a agressividade de uma forma construtiva e em seu proveito, expressando as suas razões de queixa e defletindo-a sobre o exterior, competindo.

No entanto, este não era um processo linear. Durante as férias grandes havia tido uma crise psicossomática. Atacado por náuseas, vomitava e pensava ser vítima de uma intoxicação. No passado, teria esperado passivamente as melhoras. Desta vez, depois de um dia passado em casa, exigiu ser visto pelo médico. O médico disse-lhe que ele não estava doente. Nessa mesma noite havia ficado bem.

Mostrei-lhe as suas melhoras: sentia-me já viva dentro dele, pronta a ajudá-lo a não sofrer e a procurar ajuda. Mas quando estava longe de mim, parecia ainda perder a ligação comigo: sofria, sentindo-se de novo sem proteção face aos pais internos desatentos que lhe davam alimentos psíquicos tóxicos.

Durante as férias havia começado a falar com as raparigas. Mais tarde iria pedir para frequentar atividades extracurriculares.

Ano e meio após o começo, falava-me da taça europeia de futebol e de um determinado jogador. «Este, depois de dar a sua palavra de nunca deixar a equipa – e aponta em si próprio o lugar do seu coração –, não manteve a sua promessa e foi para outro clube. Isto valeu-lhe a alcunha de «cabrão do dinheiro», porque só pensava em ganhar dinheiro.»

Interpretei que, por um lado, ele não se sentia ainda muito seguro da minha amizade: seria que eu estava ali para ajudá-lo ou porque me pagavam para isso? Por outro lado, ele, que tinha empatia por mim, tinha o sentimento de estar quase a trair-me por outros «amores». Pela primeira vez ele riu, um riso que me iluminou a alma. Acrescentei que ele precisava ainda de se certificar que eu não era uma mãe ciumenta e vingativa, mas sim uma mãe que ficava feliz com os seus sucessos na vida.

Ele parecera elaborar o luto da mãe e da relação com ela, utilizando a nova relação, a analítica, como espaço de confiança e de transformação.

Uma espiral ascendente feita de reviver, recordar, repetir e elaborar

O ano seguinte trouxera-lhe o desgosto da separação dos pais. O desalento invadira-o: nas sessões, deixava tombar a cabeça e o tronco sobre a minha secretária. Eu tentava encontrar as palavras que dessem sentido à sua melancolia: ele imaginava-se no passado e tombava de novo no abismo de não se sentir sustido pela união pai-mãe-filho. Mas, na realidade, ele ia continuar a receber o afeto do pai e da mãe e nós iríamos continuar juntos.

De uma certa maneira, ele imaginava-se também culpado pela separação dos pais.

Este luto foi doloroso. Afloraram comportamentos quase antissociais: fazer pequenos furtos, riscar os carros ou gozar com os professores.

Finalmente chorou a raiva, a impotência e a dor através da história de um amigo. Este tinha rasgado, num acesso de fúria, todas as fotografias em que se encontrava ao lado da mãe.

Por sua vez, Guilherme verbalizaria, mais tarde, o sentimento de ser abandonado pela mãe. Naquele momento acusava-a de ser uma traidora e uma egoísta. Ele sentira-se magoado no âmago do seu narcisismo sexual e no da sua identidade masculina.

Estava aterrorizado por um Édipo violento. Tinha medo que o pai, abandonado pela mulher, se suicidasse. Guilherme havia adoecido quando o pai viajara para o estrangeiro; temera que o avião caísse e, com ele, o pai interno novo que significava a esperança, o progresso e a sua independência. Por um lado, este temor lançara-o num outro ainda maior: o de voltar a cair, desta vez comigo-mãe, num registo de simbiose e de loucura. Por outro lado, ele desejara a morte do pai-antigo que continha em si as suas partes doentes, as do vagabundo; era sobre este pai que ele projetara as suas angústias de mutilação. Por outro lado, ainda, a base da relação nova que ele tinha construído com o pai continuava a estar ali, à sua disposição, para ele usar, porque era na nova relação comigo-pai que se havia forjado.

A intensidade da crise familiar fizera-me decidir por ter entrevistas separadas com os pais. Compreendi melhor Guilherme quando falei com o pai que, um mês antes, abordara desportivamente a ideia de se separar da mulher. Agora parecia envolto numa armadura prestes a explodir, incapaz de elaborar a separação. Vivia o pior momento da sua vida: «Agora que ele se tinha livrado da droga e arranjara trabalho, a mulher (ou seria a mãe?) deixava-o.» Perante mim desfilavam, na cara e no corpo daquele homem, os mais impressionantes tiques do Guilherme de outrora.

Foi um período difícil. Guilherme, depois de se ter sentido abandonado pela mãe, sentia-se agora abandonado pelo pai. Guilherme tornou-se um pai para o seu pai. Tomava conta dele e tentava distraí-lo da depressão. Culpabilizado, pensava não fazer mais do que o seu dever. No entanto, o pai não lhe sorria e não apreciava nem a sua presença nem os seus sucessos escolares. Ele era o único a suportar a presença do pai; o irmão não lhe falava nem o visitava. Guilherme queria inconscientemente fazer o mesmo que o irmão.

Falei de novo com os pais, a fim de tornar menos penosas as estadias em casa do pai, que se estendiam durante meses. Algum tempo depois, iria aconselhar o pai a dar ao filho uma imagem mais autêntica de si, a não ocultar do filho o seu interesse pela vida, pelos seus amigos e, eventualmente, pelos seus amores.

Guilherme viria a reconhecer a sua ambivalência para com o pai: por um lado, o amor que lhe tinha e a carência desse amor, sentimentos que lhe aumentavam as dúvidas sobre a sua autoimagem viril. Por outro lado, o seu ódio e a sua culpabilidade – devidos às fantasias de morte – levavam-no a estar em permanentes reparações da relação com o pai, de modo a compensá-lo.

Gradualmente, Guilherme iria pensar mais em si próprio e nas suas necessidades pessoais. Reagia menos negativamente à aprendizagem escolar e deixava-se penetrar por novas ideias

(Winnicott, 1971). Foi muito comovente para mim o dia em que aceitou ter explicações de Matemática. Esta era a sua disciplina favorita para a projeção da impossibilidade de aprender. Disse-ra-me que, com a análise, tinha aprendido a ter confiança em si próprio e tinha podido ganhar o torneio de bicicleta na escola. No entanto, tinha reprovado porque ainda esperava que os outros estudassem por ele. Quando começou a não ter medo de aprender passou de ano, com exceção da Matemática, porque ainda se considerava incapaz nessa matéria. No final do processo analítico iria pensar que, antes de se saber, não se sabe! Isto iria parecer-lhe, depois, uma evidência. Dedicar-se-ia a aprender a Matemática.

Passou a ser capaz de reconhecer e de tolerar a sua ignorância com a esperança de a instruir.

Manifestava, por vezes, o desejo de omnisciência do futuro, mas pensava a seguir que, se o conhecesse, podia descobrir que fracassava e isso levá-lo-ia a desistir.

No meu kart *descubro-me um belo projeto de homem*

Guilherme havia-se tornado um belo rapaz: o mais alto da família, com olhos brilhantes e com muito sentido de humor. Os pais insistiram para que terminasse a análise. Eu já os havia alertado para a necessidade de prosseguir, se não agora, pelo menos mais tarde.

À medida que ele progredia, a família piorava a nível psicopatológico: primeiro o pai e depois o irmão, cujo estado se agravava com crises de pânico e de insucesso escolar. Ele não tinha gostado do psicólogo que eu lhe havia indicado. A mãe procurara a minha ajuda: queria voltar para a analista que eu lhe havia recomendado. O marido reclamara por sua vez uma terapia para si.

A mãe havia confessado desejar compreender melhor as suas relações com os filhos e com o marido: ela havia-o deixado por causa do seu mau humor, da sua instabilidade e da sua dependência económica. Uma vez longe da mulher, ele fora obrigado a trabalhar como cozinheiro. Neste período difícil, em que o outro filho também piorava mentalmente, ela sonhava unir de novo a família. Eu pensei que a doença do pai não alimentava mais o masoquismo da mãe, e que a família tinha necessidade de ter um doente para estar unida.

Havíamos chegado às últimas sessões. Guilherme estava de férias com a mãe e com o irmão. Vinha ainda de mais longe do que habitualmente e esforçava-se para não faltar a nenhuma sessão.

Naquele dia, ele não sabia do que falar e parecia o Guilherme de outros tempos: os tiques haviam voltado a manifestar-se no seu rosto.

«Não sei... não gosto nada quando estou assim.»

«Se calhar, digo eu, há coisas de que gostarias de me falar, mas ainda não sabes bem como fazê-lo.»

«Não sei...», balbuciava ele, parecendo dolorosamente inquieto.

Recordo-me do seu vazio interior persecutório que não aparecia há muito. Senti falta de ar e interpretei, ao encontro da minha contratransferência:

«Eu penso que tu te sentes assim porque tens a sensação de estar aprisionado, sem futuro; como se, nestes momentos, tu não guardasses mais em ti as experiências que viveste comigo, que te oxigenam e que te libertam.»

O seu olhar vagueava entre mim e a sala. Eu interpretei este seu olhar errante como uma espécie de jogo para me recolocar no seu interior, apoiando-se na nova relação internalizada. Acabou por descontrair-se e senti-o retornar ao seu estado normal.

«Escuta! – disse ele – lembrei-me agora que tive dois sonhos. No primeiro, durante o fim-de-semana, eu acordava e não tinha crescido. A minha mãe disse-me que isso era normal, mas eu não me senti nada normal. No sonho seguinte, o de ontem, eu olhavame ao espelho e era um velho!» Descreveu o seu rosto cheio de rugas e calara-se, ansioso. Falei-lhe num tom suave:

«É terrível, não? Ficar velho antes mesmo de ter sido novo…»

Ele parecera aliviado por comunicar comigo. Tinha contado os sonhos à mãe. Esta dissera-lhe que isso lhe acontecera muitas vezes quando tinha a idade dele; que ele não deveria ligar. Contudo, eu tinha outra opinião:

«Às vezes, com o pensamento de que nos vamos separar, tu duvidas que as experiências vividas comigo permaneçam dentro de ti. É um verdadeiro pesadelo, porque tudo o que viveste comigo parece não ter passado de um sonho. Acordas um dia e descobres que não cresceste – é o primeiro sonho. Depois, no segundo sonho, uma vez que não me guardaste dentro de ti, não te consegues desenvolver e ficas deprimido, privado da tua potência, da tua juventude, da tua esperança em ti. É a imagem do velho.» Ele escutava-me bastante interessado:

«É verdade, sabes? Eu não falava destas coisas há muito tempo, mas penso nelas. Mas quando venho aqui, tenho muita coisa para falar.»

"Tu fazes estes sonhos para que nós os possamos pensar. Vamos acabar daqui a seis meses, facto que vejo como uma interrupção e não como um término, mas, até lá, vamos ter tempo para pensar. Tu sabes que poderás sempre contar comigo. O importante é que tu te sintas a crescer: que todo o teu corpo, os teus tornozelos – de que tu já me falaste –, a tua sexualidade, as tuas ideias e pensamentos estejam a desenvolver-se. No entanto, à medida que te sentes a crescer, também sentes que te separas do teu passado e de mim. É por isso que o sentimento de não ter futuro volta, a propósito da nossa separação."

«É super que o meu pai tenha aceitado fazer uma terapia. É bom para ele. Para que ele não esteja tão deprimido.» Perguntava-me se já me havia contado o último jogo de futebol decorrido na Junta de Freguesia que iria deixar nesse mesmo ano. Contara-mo, transmitindo-me o entusiasmo de pertencer a uma equipa.

«Estou de acordo contigo. Nós fazemos uma boa equipa!»

Ele sorriu e continuou:

«No fim-de-semana fui ao cais. Havia imensos navios. Tu nem imaginas quantos. Eles partem para o mundo inteiro. Há os que vão para as Américas, para a Índia, para o Panamá!» Descrevera-me as rotas dos barcos. Partilhei o seu deslumbramento:

«Ah! Os navios e as viagens longínquas.»

Ele prosseguira:

«Vêm dos quatro cantos do mundo. Vêm abastecer-se, fazer férias ou reparações. Depois vão-se embora.» Eu disse-lhe num tom sonhador como quem estava dentro da sua cabeça:

«Novas rotas se abrem ao Guilherme! Eu tive medo que aquilo que eu pensava ser a minha sina se realizasse: tornar-me um vagabundo. Mas agora, contigo, Maria José, eu descubro um novo destino: mudar de vida, conhecer outros rapazes e raparigas. Quando eu me sinto seguro de que tu pertences à minha equipa, que tu és o meu cais, eu posso partir, porque sei que posso voltar para ti – se for necessário – para fazer pequenas reparações.»

Ele exclamou:

«É importante trazer-te os meus sonhos! Vou fazê-lo mais vezes. Vê-se melhor», disse ele com os olhos brilhantes. Calámo--nos. Retomara um tom reflexivo: «Eu não sou o mesmo, sabes. Mas há coisas que me enervam ainda. Estou na pista dos *karts*, tenho amigos, rapazes e raparigas. É super. Já não tenho vergonha de me despistar. Antigamente estava maluco, quando achava que devia saber tudo antes de aprender. Saímos à noite. Divertimonos imenso. Mas quando não estou com os meus amigos, preciso de me forçar a ir ter com eles. Se não o fizesse eles pensariam que eu estava maluco. Um dia falo e, no dia seguinte, não? Mas primeiro tenho de arranjar coragem. Parece que fico novamente tímido. Digo a mim próprio para não ser um idiota. É a mesma coisa que aconteceu com a aprendizagem da Matemática. Depois não custa.»

Falei-lhe como se fosse a voz do seu pensamento:

«Se uma rapariga me ama, serei eu uma eterna criança, que não será nunca um homem, como no primeiro sonho? Ou serei um rapaz velho, sem virilidade, como no segundo? Ou serei tudo isto, mas com uma nova confiança em mim, a de saber que posso aprender, crescer, tornar-me um homem?»

Ele contara-me:

«Eu estava convencido de que era *gay*. Lembras-te? Agora, quando me passeio pelas ruas, penso que as miúdas me olham e que, se calhar, até me apreciam. Não quero ser ridículo, mas penso nestas coisas. É diferente da época em que me sentia gozado pelos outros.»

Estava longe de imaginar o que me poderia suceder na sessão seguinte. Guilherme, a mãe e o irmão entraram de rompante no meu consultório. A mãe dizia que havia acabado de fazer uma reunião com os filhos e, uma vez que o Guilherme estava «super», iria ceder o seu lugar ao irmão. Este, sentado na minha frente, olhava-me agressivamente. Guilherme aguardava e a mãe sorrira-me. «Que violento assalto», pensara eu. Tinha necessidade de ser firme e diplomata: afirmei que nenhum elemento da família poderia alguma vez tomar o lugar de Guilherme. O irmão, sempre agressivo, fizera-me muitas perguntas: estar com ele uma sessão, que mal poderia fazer? Dei-lhe o exemplo da medicina: não é recomendável tratar os amigos e os familiares porque estas relações interferem e prejudicam a avaliação. Esta é uma medida de proteção do paciente. Eu reconhecera que a família depositava toda a confiança em mim; esta era mais uma razão para eu lha retribuir.

Uma vez sozinha com Guilherme disse-lhe que estava furiosa com ele. O que é que ele havia pensado? Que ele era substituível? Quereria fazer-me perder a cabeça?

Ele disse-me, aflito, que se ele tivesse sabido que era assim, nunca teria querido fazer a análise comigo; teria dado o lugar ao irmão que estava muito doente.

Lembrei-me então dos seus cuidados para com ele e da culpabilidade de ser praticamente o único elemento feliz da família. Disse-lhe que ele não estava a ocupar o lugar de ninguém, somente aquele que era o seu. Não era preciso morrer para que a família vivesse. Havia lugar para todos no mundo. Havia outros psicólogos aonde ele poderia ir, eu já o tinha aconselhado.

Respondera-me que, na praia, tinha surgido um vagalhão de três metros, de cortar a respiração, que quase tinha virado a embarcação do amigo. Eu respondi-lhe:

«Foi o vagalhão que quase me engolia.» Ele riu-se e eu prossegui: «Tu lançaste-o contra mim, para que eu soubesse o que tu sofres sendo diferente, feliz, quando toda a gente ao teu lado piora e é infeliz.»

«É muito difícil ver o meu irmão a chorar e a minha mãe completamente perdida. Penso que é um filme mau e que tenho de sair dele.»

«É verdadeiramente difícil para ti proteger as tuas preciosidades, os teus tesouros, a tua psicóloga. Não resistes aos ataques de inveja do teu irmão. É por isso que ficas ansioso quando pensas na nossa separação. Não estás ainda bem seguro do meu amor por ti, achas que facilmente te troco pelo teu irmão.»

Contara-me o que lhe havia sucedido no fim-de-semana. Havia ido com a mãe e com o irmão ver grutas, as quais a mãe sabia serem perigosas. No outro dia havia-se afastado muito da costa com o amigo e o banheiro já estava preparado para ir salválos. Havia mortes estúpidas: morrer afogado numa gota de água!

Disse-lhe que não se brinca com a morte. Uma vez morto, ficava-se morto para sempre. Ele sentia-se sem proteção, face ao vagalhão da família. Temia que, se se afastasse de mim, pudesse morrer. Mas eu não o abandonaria nunca e, mais tarde, ele saberia aonde me encontrar. Também me sabia viva dentro de si para me utilizar. No entanto, se ele me entregasse ao irmão, então ficaria verdadeiramente abandonado, porque seria ele quem não me guardaria consigo. Nesse caso já não saberia como se salvar.

Ele disse-me que não me esqueceria nunca.

Na sessão seguinte, anunciara-me que o irmão havia gostado muito de mim e que iria seguir o meu conselho: o de procurar outro psicólogo. Disse-me que já havia perdido toda a timidez; que tinha saído muito com os amigos e com as raparigas amigas do irmão. Contara-me que tinha ido explorar o fundo do mar e que tinha sido maravilhoso. Tinha aprendido muitas coisas novas: por exemplo, a ultrapassar, nas curvas, com o seu *kart*.

Disse-lhe que ele estava feliz por descobrir comigo a beleza de se sentir amado e protegido e também de se sentir protegido do vagalhão da família que o enlouquecera. Sentia-se por isso mais capaz de pôr em prática com as raparigas o que tinha aprendido comigo.

Sorriu-me para me contar que, durante as férias com o pai, iria inscrever-se numa escola de condução; mesmo que mais nenhum amigo quisesse ir, ele iria sozinho.

Confirmei-lhe que, quando ele me guardava dentro de si, multiplicava as suas aprendizagens e descobria a alegria de viver. Respondeu-me que, no dia seguinte, iria à nova escola para saber se conseguia lugar.

Chegáramos à última sessão. Ele estava apaixonado e eu festejei com ele. Amava a namorada porque gostava de estar com ela e sentia-se à vontade com ela. Corriam juntos. Nas férias anteriores, já havia estado apaixonado, mas nunca tinha conseguido estar assim tão próximo de uma rapariga. Eu dizialhe que já o havia conseguido, com a rapariga Maria José.

Respondeu-me que se sentia verdadeiramente diferente depois das últimas duas sessões: sentia-se mais novo, embora não se sentisse criança; não sabia bem como me explicar. As outras miúdas achavam-no giro e davam-lhe imensa força. A namorada era ligeiramente mais velha, mas ele adorava a sua companhia e também adorava falar com ela. Ela dizia-lhe que ele não parecia nada ter a idade que tinha. Mas o irmão, nessa época, considerava que ele devia deixá-la porque ela não era bonita. Mas era ela que ele amava. Adorava a cara dela, achava-a bonita. Sentia-se feliz quando estava ao pé dela. Na sua opinião, isto era o principal. Olhava-me interrogativo. Eu dizia-lhe:

«Queres saber a minha opinião?«

Olhou-me, atento. "Ordeno-te que sejas feliz!" Ele riu e eu prossegui: «Tu queres saber se a tua irmã-mãe-Maria José está feliz por ti; se tu podes pôr em prática com a tua namorada o que aprendeste aqui comigo.» Ele respirou fundo, aliviado:

«No último dia em que ela estava na pista, agi como um imbecil. A minha mãe e o meu irmão tinham decidido ir ao Luso e eu fui com eles. Mandei à minha namorada uma mensagem pelo telemóvel, a desculpar-me de não estar lá. Ela respondeu logo que eu a tinha trocado pelo Luso. Quando voltei ela já tinha partido! Ela sabe que eu estou apaixonado por ela. Toda a gente sabe. Mas eu não tive coragem de lhe dizer. Achas então que lhe devia telefonar?»

«Penso que sim. Estás a perceber que é preciso dizer-lhe o que sentes. É preciso dizer-lhe. Como é que ela pode adivinhar? Tu gostas de mim, mas, a ela, ama-la de outra maneira. Pareceme que ainda não estás bem seguro de poder amar e de ser amado, de poder tentar o amor sem perder o meu amor, que é um amor de qualidade diferente.»

«É verdade! Se calhar, vou vê-la no próximo fim-de-semana e vamos correr juntos.»

Teria Guilherme retomado o movimento evolutivo suspenso? Iria a relação com o mundo objetal e real tomar o seu lugar? Iria Guilherme fazer o desmame da relação analítica, encontrando naturalmente uma forma de reabilitação mais aprazível? (Coimbra de Matos, «Como se termina uma psicanálise», 1988).

Na história da Psicanálise, a propósito da conclusão de um longo processo terapêutico, considera-se a ideia de que o paciente tem de fazer o luto relativamente à relação com o analista, tal como o analista tem de fazer o luto relativamente à relação com o paciente. Da minha parte acompanho o pensamento de A. Coimbra de Matos em «Luto ou desidealização-desinvestimento do psicanalista» (1981): o final do processo terapêutico não será propriamente um luto, mas sim um processo progressivo de desidealização-desinvestimento. No caso deste paciente em particular, ocorreu inicialmente uma transferência das relações patológicas para o novo objeto: o analista, que as tratou, que as transformou em colaboração com o paciente, permitindo-lhe a retoma do desenvolvimento suspenso bem como a transferência desta nova relação saudável para as relações do seu quotidiano.

CAPÍTULO 4

PELA MÃO DE LÍDIA: SEIS QUESTÕES EM PSICOSSOMÁTICA

A psicossomática surge, no presente capítulo, como uma área da psicanálise primordial ou basilar. Seguindo o desenvolvimento de um caso com grave sofrimento asmático, procurei percorrer algumas temáticas com ele relacionado: o trauma precoce na relação primária e a fragilidade do pré-consciente; o sintoma com sentido de falha intersubjetiva precoce e com valor comunicacional primitivo, protolinguístico; o luto falhado do objeto ideal em relação dinâmica com o estado precoce de desamparo e a perversão narcísica do objeto; a melancolia e as angústias psicóticas encobertas e retomadas no caminho analítico; a dupla função do objeto de apoio, calmante e satisfatório, que favorece o acesso ao prazer e à representação. Para uma melhor compreensão destas questões, passo a enunciar três conceitos-chave que as fundamentam: depressão falhada; irrepresentabilidade; narcisismo.

1.ª Questão – Psicossomática: significante e significado

O que a palavra psicossomática parece significar – união ou somatório psíquico + somático – não é exactamente o que significa. O dicionário de A. Costa e S. E. Melo (1952) definem-na como «a medicina que tem por objeto as ciências somáticas em relação patogénica com os conflitos mentais, geralmente inconscientes».

Intuitiva e erroneamente, supõe-se que esta ciência se ocupa das ligações entre o físico e o psíquico enquanto entidades separadas. Com o conceito de pulsão, Freud contribui para a supressão dessa dualidade.

Pulsão é um conceito chave em psicanálise. A pulsão é uma pressão concebida como uma exigência de trabalho imposta ao aparelho psíquico (Freud: *Os instintos e as suas vicissitudes*, XIV, 1915). Freud reúne quatro fatores: pressão, fonte, objeto e alvo (Freud: *Três ensaios sobre a teoria da sexualidade*, VII, 1905-26). O conceito de pulsão está na fronteira entre o biológico e o mental, e é quase um instinto em busca de uma representação.

A transformação deste «quase biológico» em representação (função alfa de Bion (1962 [1991]) é operada por um aparelho mental que se vai dotando, progressivamente, de capacidade de elaboração.

Parece-me legítimo afirmar que a psicossomática é um campo da psicanálise «essencial», primordial ou basilar. Não é a ciência da união do psíquico com o somático, mas sim a «ciência do somático, dos instintos-pulsões, das infra-estruturas do id e das suas raízes instintivas e somáticas. É ainda a ciência da relação do indivíduo com o exterior, na qual entram em jogo os níveis arcaicos do órgão e do celular» (Pierre Marty, 1952). Ciência do *id* – enquanto reservatório pulsional a-linguístico, reservatório do conflito, do recalcado, da experiência traduzível em verbo (o *id* freudiano é muito mais abrangente do que o lacaniano) – a psicossomática é também a ciência da relação do id com o pré-consciente, enquanto interface do psiquismo com o exterior.

2.ª Questão – O trauma e o que falhou na relação precoce e no pré-consciente

Um pré-consciente eficaz provê o aparelho mental com capacidades de representação, de simbolização e de elaboração. A sua fragilidade e a sua insuficiência de organização são patentes na patologia psicossomática. Estes défices estão ligados à pobreza qualitativa e quantitativa das representações.

As representações são memórias de perceções sensoriomotoras e memórias de afetos que se estabeleceram na primeira infância. Não será por acaso que muitos destes pacientes se apresentam quase sem história, sem memórias da infância, amnésicos, sem sonhos. Como diz Maria Luís Borges de Castro (1999) «a psicopatologia psicossomática não é tanto uma incapacidade de fantasiar, mas sim uma incapacidade de organizar a fantasia em metáfora».

A quase a-historicidade destes pacientes parece relevar de uma incapacidade para tecer, com a metáfora, uma história pessoal. Esta não é, nem um produto da fantasia (o que seria uma história delirante, desligada do real) nem é um produto colado à realidade (o que constituiria uma narrativa descritiva, funcional, destituída do concurso da experiência afetiva-relacional), nem é, tão pouco, uma história de transcrições literais de sensações e de afetos (o que por absurdo se aproximaria de uma imagem do quase-biológico, das emoções). A história pessoal que está em falta parece ser uma complexa trama de metáforas, representações tecidas com afetos, emoções e sensações.

A tecedura é a transformação, a elaboração mental que ocorre, no seio da relação, pela atribuição de significado aos elementos da trama: elementos sensoriais, emocionais e afetivos. A história pessoal é um produto complexo, dinâmico e em porvir, que não pode ser construído a solo. Esse produto precisa de um outro significativo que signifique a experiência do sujeito e necessita de outros que lhe reconheçam significado. A história pessoal situa, a um tempo, o indivíduo perante si próprio e o outro; tem o cunho do tempo pessoal e social; não se constrói sem o concurso da tríade mãe-pai-sujeito.

Lídia foi uma paciente que segui em face-a-face numa psicoterapia psicanalítica a três e depois a duas sessões semanais. Procurou-me na idade dos trinta anos porque começara a alcoolizar-se. Dizia-se independente, mas, vim aos poucos a descobri-lo, era muitíssimo dependente. Vivia num apartamento quase por mobilar, contíguo ao dos pais. Não sabia cozinhar e, por esse motivo, comia em casa deles. A mãe era idealizada em muitos aspetos, em detrimento da autoimagem de Lídia. Esta tinha carta de condução, mas não conduzia; tinha um doutoramento, de que pouco se servia; estabelecia relações fortuitas, de apenas algumas horas, e não estreitava nenhuma relação afetiva. Amizades? Não as tinha. Da sua infância, nada recordava. Sonhos? Também não os tinha. Tinha, porém, uma asma grave que a levava a internamentos frequentes. Era vigiada numa consulta da especialidade.

Recordo o primeiro sonho que me trouxe no segundo ano de terapia. Este representou um enorme progresso na possibilidade de representar experiências indizíveis. No sonho, Lídia estava deitada numa marquesa. À sua cabeceira, estava a avó, que a assistia. A cabeça de Lídia estava dentro de uma caixa metálica, na sua cabeça estavam dolorosamente implantados elétrodos de onde partiam fios que a ligavam à avó. A situação evocava, a um tempo, o estado mental de Lídia e o da relação analítica, os quais podiam agora ser metaforizados. Era como se Lídia estivesse semimorta, ligada à vida pelos fios elétricos, qual cordão embrionário terrível, simultaneamente fonte de vida e de dor. Era mediante esta ligação impensável que era assistida pela avó psicoterapeuta. O quadro evocava a dupla impossibilidade de estar viva e de estar morta, de depender e de separar-se. A ligação psicoterapêutica, que a vivificava, fazendo-a sentir e pensar, era também uma ligação paradoxal, fonte de enorme sofrimento. O contentor analítico, representado no sonho pela caixa metálica, era sentido como intrusivo, doloroso, asfixiante; em suma, persecutório. O sonho lembrava o conceito de impasse, o «nim», como solução para um paradoxo impossível de elaborar (Sami Ali, 1992: 13).

As insuficiências do pré-consciente estão ligadas à indisponibilidade afetiva da mãe para com o bebé e, consequentemente, ligadas à noção de traumatismo psíquico. Freud (*Para além do princípio do prazer*, XVIII, 1920) descreve como traumáticas quaisquer excitações provenientes de fora, ou de dentro do organismo, que sejam suficientemente poderosas para atravessar o escudo protetor do pré-consciente.

Na metáfora do sonho de Lídia esboçava-se um escudo protetor da mente sob a forma de uma caixa metálica, mas nela estavam implantados elétrodos. Era uma estrutura demasiadamente rígida e, por isso, também opressora e isoladora do contacto humano. Ela evocava a aspereza e a dureza das relações, e a natureza do contacto com um mundo externo e interno, e evocava defesas rigidamente edificadas contra estes. Aquela imagem era a representação de uma proteção-carapaça construída contra o sadismo e a relação precoce. No entanto, e não obstante a dureza deste escudo, o estímulo traumático penetrava-o inexoravelmente, deixando Lídia à mercê do objeto, num estado mental de dependência fetal ou de quase morte psíquica.

O trauma implica a rutura da barreira contra os estímulos. A mãe tem, nos primeiros tempos de vida do bebé, essa função protetora. Se ela falha, o bebé fica à mercê da invasão do estímulo desorganizador. Freud (*Sobre o narcisismo: uma introdução*, 1914) refere que o problema seguinte à invasão excitante é o problema do domínio sobre as quantidades de estímulo que irrompem, bem como a sua vinculação psíquica ou a sua elaboração subsequente.

Se o ego, ou a mãe, enquanto ego auxiliar, fracassam nesta tarefa de domínio e de vinculação do estímulo, então dá-se o traumatismo. No caso de haver dano físico causado pelo trauma este vincula o estímulo, impedindo que a neurose se desenvolva.

Na patologia psicossomática iremos encontrar o trauma precoce, a insuficiência e a fragilidade do pré-consciente, a pobreza da representação e da elaboração. O conflito estabelece-se com a realidade, pois não há elaboração mental possível, e estabelece-se também com o corpo, que é sentido como uma realidade estranha. Iremos encontrar, quer a desorganização mental – com saída pelas vias automática operatória e de descarga (o *acting in* no adoecer psicossomático, e o *acting out* de valor auto calmante) – quer a repressão de certas representações ou pensamentos. O primeiro sinal de rutura das representações é sempre de ordem depressiva (Marty, 1991).

Lídia veio a recuperar a memória no decurso e em associação com a vivência analítica. Aquele sonho, que não lhe fizera lembrar nada, trouxera-lhe uma violenta dor de cabeça. No entanto, quem tomou consciência dessa dor, em primeira mão, fui eu, através da contratransferência. A minha cabeça latejava. Pelos «fios» da relação que nos unia, ela comunicava-me a sua ambivalência impensável: a dependência passiva e a raiva mortífera reativa a esse estado (o seu suicídio, a acontecer, era também o meu homicídio).

Ao ouvir-me, Lídia foi invadida por sensações auditivas: uma enorme gritaria ecoava dentro dela. Falei-lhe de uma menina que estava ali, vinda de muito longe, de um passado já distante, que gritava para se fazer ouvir porque o seu choro, a sua raiva e a dor de se sentir desamparada e sozinha tinham sido amordaçados. Aquela experiência tinha sido tão traumática que, mesmo agora, continuava a gritar dentro dela, impedindo-a de me ouvir, pretendendo-me calar.

Silenciosa, Lídia recordou-se de uma sensação vinda da infância: o frio e a escuridão de quando fora viver para a Dinamarca na primeira infância. Aquele clima gelado fora um choque. No entanto, viemo-lo a viver na relação terapêutica, mais gelada que a Dinamarca fora a mãe que, sempre deprimida, nunca «se derretera» de amor por ela. O pai, obcecado pelo trabalho, era uma presença ausente, interessando-se unicamente pelo progresso académico da filha. Lídia adaptara-se muito mal ao novo meio e reforçara a dependência para com a mãe, da qual não queria largar o regaço. Mais tarde, a abordagem edipiana ao terceiro, ou seja, a passagem de uma relação dual a uma terciária, fora um choque, quase uma desintegração, que o mergulho num meio linguístico desconhecido não favorecera.

Poucos meses após a chegada àquele país, viria a ter o seu primeiro ataque de asma. O compromisso da depressão precoce neste adoecer passara despercebido. Do seu rasto ficariam, entre outros sinais da catástrofe, um objeto gelado, idealizado, a incapacidade afetiva e a asma.

3.ª Questão – O sentido do sintoma ou um sintoma sem sentido?

Na neurose o sintoma tem um significado de natureza sexual (Freud, 1905-1926) assim como o corpo é indissociável da palavra. Na psicossomática o sintoma não tem significado simbólico, «é estúpido», segundo Marty (1991) e M'Uzan (1994). Estes autores acentuam que o local e a forma que a doença assume só têm o sentido da perturbação psíquica que lhe deu origem: o da perturbação negativa, o buraco, o vazio, a falha, o não sentido.

Christophe Dejours (1993) coloca a hipótese de que o sintoma somático tem um sentido simbólico, não quanto ao órgão ou local eleitos para o adoecer, mas sim quanto à função corporal eleita. Esta é eleita por ter sido a excluída do apoio (*etayage*) pulsional, por não ter sido implicada na dinâmica intersubjetiva relacional precoce. «O órgão atingido pode ser um qualquer, desde que pertença à função forcluída da subversão erógena».

Para Joyce MacDougall (1992) o sintoma psicossomático é um «sonho falhado», uma tentativa de auto cura que reflete a tentativa de um bebé sobreviver psiquicamente a um sofrimento não elaborável, ou porque o bebé ainda não tinha acesso à palavra que daria sentido à experiência penosa, ou porque, existindo a palavra, esta era ainda insuficiente para dar sentido ao sofrimento (conceito de «terror sem nome» de Bion). O sintoma psicossomático é um ato-sintoma, uma forma primitiva de comunicação, uma protolinguagem (a única que não sabe mentir).

No sexto ano de terapia, Lídia sonhou que estava curada da asma. De facto, veio a fazer só mais dois ataques quando foi respirar outros ares, longe dos da mãe. O primeiro ataque deu-se quando se mudou para a casa do namorado que, entretanto, conhecera. O segundo, que ocorrera dois anos mais tarde, deu-se nas vésperas de casar com o namorado. As separações ainda evocavam uma perda catastrófica, bem como a dificuldade em estabelecer o luto de uma relação de fusão com uma mãe ideal. Acrescente-se a impossibilidade de evacuar o ar viciado do passado, de modo a introjetar um outro novo. Através da crise de asma reeditava o horror de não poder deitar fora a mãe, vivida precocemente como mãe-ambiente (Winnicott, 1979), não poder fazer trocas criativas com ela, e a impossibilidade de estabelecer uma relação alternativa entre identificar-se com a mãe, ser ela, a mãe, incorporando-a, e não ser nada, expulsando-a. A alternativa, que surgia na terapia, resultava do acesso ao terceiro, à elaboração e à separação entre o símbolo e o simbolizado (Ogden, 1995) e à experiência edipiana de separação-individuação.

Para MacDougall (1992), o corpo inscreve-se, à partida, no simbólico, facto que é visível nas expressões linguísticas que descrevem as emoções manifestadas no corpo (tremer de medo, ficar vermelho de raiva, etc.). O bebé nasce num mundo de significações e recebe uma escrita do corpo materno: primeiro a da voz, à qual se somam a do odor, depois a do tato. Dessa escrita precoce emerge um eu incipiente ligado às sensações: um eu-voz, um eu-cheiro, um eu-pele (Didier Anzieu, 1974), um eu-respiratório, que não são registados enquanto significantes psíquicos. São significantes pré-verbais que não podem ser recalcados (no sentido clássico do recalcamento, em que os significantes linguísticos, as representações angustiantes ligadas a pulsões são mantidas no inconsciente). Estas imagens e sensações, que não são recalcadas, são alteradas (na psicose são recuperadas pela restituição que lhes atribui um novo sentido). Aqui, na psicossomática, o afeto é abafado e a representação forcluída: a alexitimia e o pensamento operatório não são mais, segundo esta autora, do que defesas contra as angústias psicóticas.

4.ª Questão – Um luto falhado na relação precoce: uma falha no simbólico

De que falamos quando falamos de simbolização? Falamos da projeção dos órgãos e dos sentidos (Ferenczi, 1913; Klein, 1930) mediante a qual o bebé vai atribuindo significado através de equivalências, ou seja, através de equações simbólicas (conceito de Hanna Segal, 1957) que se ampliam numa lógica de aquisição que vai assumindo um significado expansivo. Falamos do corpo e da sua envolvência afetiva e relacional; falamos da identificação primária e de uma capacidade «intropática» precoce de ler os afetos e as emoções, a qual se desenvolve num estado inicial de total desamparo e de dependência do objeto (Coimbra de Matos, 1999 [2003]).

De importância capital é também o conceito de apoio pulsional de Freud (1914). Os instintos sexuais estão inicialmente subordinados à satisfação dos instintos do ego, ou seja, da sobrevivência. Amor é uma palavra que só se deveria aplicar após a resolução da carência, do desamparo inicial, após a síntese de todos os instintos componentes da sexualidade, sob a primazia do genital, ao serviço da função reprodutora. A questão da psicossomática parece relevar da problemática da fome psíquica, da necessidade, e não do amor, da genitalidade.

No sofrimento psicossomático existe um objeto incapaz de resolução satisfatória do estado inicial de desamparo. O objeto que o sujeito encontra é incapaz de aceitar a sua insatisfação e a sua agressividade primárias. Coimbra de Matos fala-nos da perversão narcísica do objeto, objeto maligno, captativo, que vampiriza o afeto do sujeito, deixando-lhe um buraco no *self*. O *self* fica desregulado na sua homeostasia, à deriva, e dependente dos caprichos do objeto. O objeto é introjetado a nível nuclear e orbital porque é imprescindível: sem ele, o bebé morre. Tudo isto se passa numa época em que o sujeito não tem ainda mente, mas sim uma protomente.

O luto do objeto ideal é irrealizável, a expensas próprias, sem uma nova relação de objeto. O que fica até lá, e para sempre, é a nostalgia desse amor primário.

O que aborta ainda, por falha empática do objeto, é a capacidade simbólica, fantasmática, a capacidade de reconhecimento do estranho e do diferente.

O que surge então, segundo Coimbra de Matos? Uma capacidade «protopática», ou seja, uma capacidade vaga, grosseira, indiferenciada de reconhecimento, feita à custa de um esforço adaptativo e de um desconhecimento do objeto real, pois este é apenas o suporte da projeção do objeto ideal. Surge, assim, uma identidade fundida, moldada, na identidade do outro, a qual conduz à incapacidade de tolerar a ambivalência, ou seja, a incapacidade para integrar as imagens e os afetos clivados.

Coimbra de Matos fala-nos de um «aparelho mental de ler os sentimentos» que fica danificado. Sem ele, o aparelho de pensar os pensamentos (Bion, 1995) não se pode devidamente constituir. Manuel Matos (2000) diz que «se o símbolo prolonga o corpo, o pensamento prolonga o símbolo» penso então que no psicossomático abortam o corpo, o símbolo e o pensamento.

5.ª Questão – A evolução em análise

Em Coimbra de Matos o que encontramos, por detrás do sofrimento psicossomático, é a *depressão falhada* porque, como nem sequer se organizou a consciência da falha, apenas surge a depressão biológica. A resposta à agressão é fraca, e o corpo é o local onde desaguam o caos e a desorganização homeostática inerentes à desregulação da relação de objeto.

Para MacDougall o que encontramos, por detrás da problemática da irrepresentabilidade destes pacientes, são angústias psicóticas de horror do vazio, do esvaziamento, a vampirização, a aspiração e a fragmentação. Encontramos fantasmas sexuais arcaicos indizíveis, uma histeria arcaica que desencadeia respostas somáticas.

No caminho da cura Coimbra de Matos e Teresa Ferreira (2001) encontram a melancolia. O melancólico não sabe ainda o que lhe falta – um amor envolvente, uma ilusão fusional (Winnicott), mas sabe já que lhe falta algo.

MacDougall encontra, no caminho da cura, a histerização. A possibilidade de representar, de passar da linguagem do corpo à palavra com sentido psíquico, a possibilidade de passar da descrição das sensações ao sentimento, e passer do sentido ao significado. O fantasma inenarrável vivido no corpo, no sintoma, é vivido depois na relação (sexual) para se desenvolver de modo neurótico, pela possibilidade da transformação da representação das coisas em representação das palavras.

Pergunta MacDougall (1992:93, tradução minha): «perante uma imagem narcísica fraturada, horrífica, quem não se tornaria alexitímico – quanto aos afetos –, e operatório – quanto ao pensamento?». O eu usa estas defesas atacando a sua própria função percetiva.

Para Lídia, durante muitos anos, a minha identidade não era reconhecida. Tratava-me e sentia-me como se eu fosse ela, anulando as diferenças que pressentia existirem entre nós. Perceber que éramos duas pessoas introduzia a possibilidade da separação e, com ela, a possibilidade do conflito. Para evitar este doloroso acaso, permanecia ali comigo como que monologando. Eu era uma espécie de duplo narcísico.

As grandes separações de férias pareciam, ainda no quarto ano da terapia, não lhe trazerem sofrimento. Eu já conhecia o meu destino de condenada a um esquecimento mortal, apagada do seu interior. Nas vésperas da separação daquele Verão, Lídia não trouxera o pagamento que, por hábito, cumpria escrupulosamente. Ela nada referiu no último dia antes das férias. Eu, tão pouco. Esperei. Na hora da despedida, de pé, oferecerame um pequeno *bibelot* que levara para a sessão. Senti ser esse o pagamento que ela podia fazer. Mas, no derradeiro momento, ao encará-la, fiquei chocada comigo própria, e com o que vi. No lindo rosto de Lídia surgia-me, ao invés de um sorriso, um esgar de vampiro.

Dez anos passaram, e mantenho ainda vivo o impacto daquele sorriso. Nunca faláramos de vampiros mas, pela contratransferência, pude sentir a sua dor. Vampirizar-me, roubar-me o alimento-pagamento, era a sua alternativa perante um objeto que, seguramente, a vampirizara a ela, fazendo-a sentir-se indigna de ser amada e ainda culpada de alguma revolta. Na hora da separação, Lídia atacava-me, destruía-me, esvaziava-me, mas deixava-me algo em troca: o seu lado mais frágil, o que ela sentia incapaz de cuidar. Deixava-me um *bibelot*: uma pequena jarra de porcelana.

Alguma separação podia já existir entre um eu e um «me» (Lacan, 1949). No entanto, o eu, que era ainda uno com o «me», era horrificamente nomeado de vampiro: um sujeito unido a um objeto que vampirizava. A separação que surgia era a introduzida pelo novo espelho analítico que, para além de nomear um outro «me», o fazia em ligação com um *id*, até então desconhecido da paciente. Um eu incipiente podia então nascer no solo analítico: o eu da flor que faltava na jarra que me havia oferecido, na sua imagem simultânea de fragilidade e de contentor, evocara-me desamparo e feminilidade.

Quando, depois de férias, abordámos as suas estratégias de resolução da fome de afeto, conta que, numa das sessões anteriores, ao sair do consultório, ficara transida de frio no café mais próximo, sem forças para se levantar. Na minha mente ela representara o horror da jarra que não encontra a sua flor, ou seja, o da separação intolerável entre a mãe e o seu bebé ou a do aparelho psíquico relativamente aos seus sentimentos e pensamentos.

A depressão, o narcisismo, a revivência do trauma eram aspetos básicos deste caso.

6.ª Questão – Pulsão de morte e psicossomática

Uma das maiores dificuldades de que se reveste a compreensão do fenómeno psicossomático é inerente, segundo Marty (1952), ao narcisismo do próprio observador. Este dificulta a aceitação da pulsão de morte e do desejo de retorno ao estado inorgânico. É difícil aceitar que o sujeito é mesmo capaz de autodestruição efetiva, o que implica uma regressão à fragmentação do corpo, ao desaparecimento da autoimagem e à supressão do objeto pela fusão sujeito-objeto.

Afirma Freud que uma das mais antigas funções do aparelho mental consiste em sujeitar os impulsos instintivos, os quais se chocam com ele, substituindo o processo primário, que neles predomina, pelo secundário, e converter a energia livre existente numa catexia quiescente. Esta transformação ocorre em favor do princípio do prazer. A sujeição constitui o ato preparatório que introduz e assegura a dominância do princípio do prazer. O princípio do prazer funciona ao serviço de uma função cuja missão é libertar o aparelho mental da excitação, conservar a quantidade de excitação, ou mantê-la tão baixa quanto possível. Esta função estaria relacionada com o esforço mais fundamental de toda a substância viva: o do retorno ao mundo inorgânico. Esta procura de um estado em que a excitação é constante e mantida num limiar mínimo obedece ao princípio do prazer e tem uma função básica no aparelho mental: a de pára-excitação e de controlo dos estímulos. Na sua vertente de compulsão de repetição, a pulsão de morte, ao serviço de Eros, procura dominar e esgotar a excitação, mediante a repetição. As três ideias chave contidas no texto de Freud (a de sujeição e de transformação instintiva, a de uma pulsão com duas vertentes distintas de pára-excitação e de controlo, e a de domínio e de esgotamento da excitação) parecem ter influenciado diretamente Paul Denis (1993) na sua conceção de clivagem da pulsão em pulsão de domínio (*d'emprise*) e pulsão de satisfação.

Para Denis, os procedimentos autocalmantes têm uma dupla função. A primeira é uma função de controlo da excitação, mediante uma estimulação deliberada, a qual visa o apagamento do afeto e a desarticulação da representação penosa, neutralizando-a. É a função defensiva pela repressão (Catherine Parat, 1991). Em termos de relação de objeto, vislumbra-se uma mãe que acalma (Fain, 1974) e um estado nirvânico almejado de ataraxia, no qual a excitação é descarregada sem prazer e sem representação.

A segunda função dos procedimentos auto calmantes consiste no estabelecimento de um lastro ou suporte da representação. É somente no seio de um ambiente de diminuição da tensão que a representação pode ser estabelecida.

O procedimento autocalmante é, portanto, para além de uma defesa, uma tentativa de restituição de um funcionamento psíquico objetal. Neste caso, intuímos a presença de um objeto de apoio que se oferece ao bebé com a dupla função de objeto simultaneamente calmante e satisfatório, favorecendo o acesso à satisfação ou ao prazer que transforma os traços percetivos em representações. Os procedimentos autocalmantes passam a autoeróticos através da relação de objeto e através de uma integração pulsional anteriormente clivada em pulsão de domínio e em pulsão de satisfação. A calma assim obtida não é a da ataraxia, mas a da quietude após a satisfação dos estímulos corporais, os quais são o suporte do funcionamento representative.

Lídia encontrava-se prestes a deixar de beber e a começar a sonhar. A bebida tinha nela funções, entre outras, de reedição de um estado de êxtase fusional com o objeto. Constrói um objeto calmante extraordinário que monta na sua casa, no meio da sala de estar: uma estrutura em madeira no interior da qual se acoita, repetindo para si própria, até à exaustão, uma minúscula palavra. Considera estar a meditar.

Lídia recria um seio e uma relação calmante em casa, uma espécie de prolongamento das qualidades calmantes analíticas que transporta no seu interior, mas que ainda precisa de concretizar antes de poder representá-la.

Da sua consciência haviam sido apagados os afetos do ódio e do terror pelo terceiro. Este, expulso da «união perfeita» que se realizava dentro do santuário improvisado, rondava perigosamente o espaço em volta como se fosse uma fera. O afeto persecutório, aliado da representação, era abafado, contido, neutralizado pela magia da repetição omnipotente da palavrinha com que dizia «meditar». Esta palavra, repetida incessantemente, era a varinha mágica com que amansava a «fera».

No entanto, uma função positiva operava-se em Lídia: a da restauração de um processo autocalmante, o lastro e o suporte de um processo representativo.

Esta passagem ao ato não era, aqui, um primórdio do sonho? Assim o pensei e senti e deste modo o interpretei.

CAPÍTULO 5

XAVIER EM BUSCA DO SEU NOME: UMA PERSPETIVA PSICODINÂMICA PSICANALÍTICA SOBRE O NARCISISMO

I

Para esta reflexão sobre o narcisismo de um ponto de vista da psicanalálise e da psicoterapia psicodinâmica ou psicanalítica importa realizar uma breve incursão na história da psicanálise, uma vez que o tratamento desta patologia não era possível no início da criação da ciência psicanalítica. O tratamento da patologia narcísica representa, pois, uma enorme evolução e transformação no quadro da compreensão da sua dinâmica psíquica e na técnica do seu tratamento. Todas as perspetivas de carácter histórico comportam alguns riscos. Por exemplo, o da limitação da realidade, o da parcialização e o da elaboração pessoal de uma história transmitida.

A divulgação da psicanálise no continente americano constituiu um passo decisivo para a abertura da psicanálise a outros meios culturais e científicos e representou um prelúdio ao conhecimento e ao aprofundamento da técnica psicanalítica a outras patologias. Na verdade, imaginamos um Freud feliz em 1909 (Freud: *História do Movimento psicanalítico*, XIV, 1914a) que, ao chegar a Massachussetts, é recebido pelo presidente da Clark University de Worcester para conferenciar no vigésimo aniversário da fundação daquela Universidade.

É um mundo novo que o acolhe. Reconhece com espanto que a sua obra já fora amplamente difundida e divulgada no meio académico. Encontra por isso uma plateia de estudiosos «desprovidos de preconceitos» que, pressente-se, o impressionou: «Na América tão puritana foi possível, pelo menos nos círculos académicos, debater livre e cientificamente tudo o que na vida comum é censurável» (Freud, 1914a: 40). Esta expressão feliz de regozijo é tanto mais de salientar quanto, àquela época, a psicanálise tinha conhecido uma enorme expansão: na Áustria, principalmente a partir de 1907, aquando da união das escolas de Viena e de Zurique; depois na Suíça, na Inglaterra, na Índia, no Canadá e na Argentina. Noutros países europeus, porém, encontrara muitas resistências, nomeadamente em França e na Itália.

Suponho que a *psicologia científica* e *profunda* de Freud, a Psicanálise, pôde encontrar na sociedade norte-americana a divulgação e o acesso a um meio científico em expansão que, pelas vias do ensino académico e da prática psiquiátrica, perseguiam uma maior compreensão e maiores resultados pragmáticos com os pacientes.

Interessa-me o que aconteceu na América do Norte porque, como diz Wallerstein (1969), a psicoterapia psicodinâmica ou psicanalítica foi inicialmente uma criação peculiar americana, com toda uma complexa relação baseada nos ensinamentos da psicanálise. É ainda um Freud otimista que incentiva, naquelas comemorações, a expansão do conteúdo da psicanálise: «a pesquisa analítica está ainda na infância [...]. Nenhuma pessoa sensata [...] verá motivo de censura ao trabalho e experiências iniciadas» (Freud, 1914a: 44).

É o que suponho ter feito Harry Stack Sullivan que trabalhava com patologias esquizofrénicas em meio hospitalar sob a influência de Kempff, Meyer e White, psiquiatras que valorizavam a realidade social do doente. Recorro-me da análise de Greenberg e de Mitchell (2003: 111-130) neste ponto. O corte com Kraepelin (década de 1920), cuja visão dominava na época a abordagem à esquizofrenia, constituiu um prelúdio da *teoria interpessoal* de Sullivan.

À data, embora a compreensão psicológica proporcionada por Freud sobre a esquizofrenia fosse radicalmente diferente da do modelo biológico de Kraepelin (2000), ambas coincidiam na impossibilidade de tratamento da esquizofrenia. Na perspectiva de Freud (1914b), nas «neuroses narcísicas» – demência precoce de Kraepelin e esquizofrenia de Bleuler, agrupadas por Freud sob a designação de «parafrenia» – a líbido, totalmente direcionada para o eu, impedia o surgimento da transferência e, portanto, impossibilitava o seu tratamento. Para Kraepelin, se o doente recuperava, manifestava adaptação e acessibilidade à terapêutica; logo, não era um caso de demência precoce.

Sullivan, mediante a observação dos doentes, acabou por demonstrar que o conceito de Kraepelin se reportava mais ao fenómeno que veio a ser descrito como «hospitalismo», do que à esquizofrenia, iniciando uma abordagem que o conduziu à procura do *sentido* do sintoma e à *história das interações significativas com os outros*.

Sullivan considerava que «o campo da psiquiatria é o das relações interpessoais»; uma personalidade nunca poderia ser entendida se estivesse isolada da complexidade das relações nas quais vivia e existia.

A ênfase colocada sobre a importância do meio e na relação interpessoal tem sido apelidada de «culturalista», principalmente entre os teóricos da pulsão que vêem nesta corrente um forte pendor sociológico.

O facto é que o termo *psicoterapia psicodinâmica* terá sido introduzido por Sullivan como uma *psicoterapia da relação terna*, e Sullivan terá sido, segundo Greenberg e Mitchell, o autor americano mais importante e criativo que contribuiu para a psiquiatria dinâmica. Trabalharam com ele teóricos de referência como Clara Thompson, Erick Fromm, Frieda Fromm-Reichmann e Karen Horney.

Em 1953, Fromm-Reichmann apresentou as principais divergências desta linha em relação à psicanálise clássica: a) na psicoterapia dinâmica o desenvolvimento da criança é visto, não no sentido psicossexual, mas sim em termos das relações interpessoais; por exemplo, as zonas erógenas são concebidas como zonas de *interação*; b) a interpretação do complexo de Édipo é vista, não no sentido sexual, mas sim girando em torno dos ciúmes pela proximidade dos pais; c) alguns psicoterapeutas dinâmicos não aceitam o conceito de Freud de *inconsciente primário inato* nem o de pré-consciente; ao invés, teorizam a existência de conteúdos que são dissociados, temporária ou permanentemente, da consciência, e podem ser retomados sob pressão; d) o aprofundamento da ansiedade na segunda tópica de Freud é acentuado por estes psicanalistas que, para além do medo da punição e da castração, vêem o medo da desaprovação social e o do desamparo face ao perigo interno.

O caso é que as mudanças e os aprofundamentos da teoria e da técnica foram requeridos por factos históricos. Inicialmente os pacientes tratados em psicanálise eram casos de histerias diversas e, mais tarde, eram casos de patologias obsessivas; progressivamente os terapeutas foram-se confrontando com casos *borderline*, com as patologias do narcisismo, do caráter, e também com as psicoses.

Os psicoterapeutas começaram a ser solicitados para tratar personalidades desmotivadas, e outras que não sabiam que precisavam de psicoterapia: era o caso das crianças e das personalidades perversas e psicopáticas, com sentença judicial para efetuar uma psicoterapia.

Na psicanálise lidava-se com um eu integrado, desenvolvido, motivado e estruturado; na psicoterapia lidava-se com um eu incipiente, infantil, clivado, desestruturado, danificado ou deformado, na qual o trabalho primordial era a cicatrização, a reconstrução e a retoma do desenvolvimento suspenso do eu lesado. Por vezes o objetivo da terapia poderia ser o de suspender ou reverter o processo da descompensação.

Se, na psicanálise clássica, a ênfase podia colocar-se na apropriação do recalcado por parte do eu, na psicoterapia o trabalho era o da reconstrução, pela integração dos aspetos clivados e dissociados do eu. Por isso, só após uma psicoterapia bem-sucedida, estariam reunidas as condições para uma psicanálise.

Contam-se em número de três as principais linhas resultantes das fraturas na escola psicanalítica: a que prosseguiu a linha de Freud, tal como ele a concebeu; a que seguiu na senda de Melanie Klein, a partir dos anos de 1930, que representou já uma modificação ao conceito de pulsão e possibilitou abordagens ulteriores na tradição da *teoria da relação de objeto* britânica; e a denominada *psicologia do ego*, iniciada com Anna Freud, Heinz Hartman e seus colaboradores, Ernst Kris e R. Loewenstein, a qual passou a chamar-se *psicologia psicanalítica do desenvolvimento* após a morte de Freud.

São conceitos básicos desta última corrente os conceitos de *internalização* e de *relações objetais*. O desenvolvimento inicia-se com a gestação, o nascimento, e processa-se por toda a vida.

Entre os que se encontram neste grupo podem ainda ser nomeados os trabalhos de E. Jacobson, os estudos de observação de crianças de M. Mahler e de R. Spitz, e os trabalhos sobre patologias muito severas de Otto Kernberg e de Heinz Kohut. Estes últimos são habitualmente incluídos nesta corrente, embora tenham elaborado uma síntese teórica muito pessoal.

Kernberg tentou manter-se no pensamento de Freud e tentou integrar as abordagens de Jacobson e de Mahler com as de Klein e de Fairbairn. Kohut prosseguiu numa linha de continuidade com Freud e, simultaneamente, de clivagem e de inovação, mediante novos conceitos, propondo um modelo misto, no qual entendeu a natureza humana como derivada de componentes pulsionais e relacionais.

São estes os dois autores, Kernberg e Kohut, que seguirei um pouco mais de perto, a propósito de um caso com patologia narcísica que apresentarei na segunda, terceira e quarta partes deste capítulo. Inicio a exposição do caso com a descrição psiquiátrica e sintomatológica da patologia do narcisismo, acompanhado a par e passo a partir da perspetiva psicodinâmica psicanalítica. O caso de Xavier irá entrecruzar toda a narrativa. Xavier significa, no sentido pejorativo, segundo o *Dicionário Houaiss da Língua Portuguesa*, «o homem traído pela sua esposa», e, ainda, o homem «em situação de embaraço, timidez e acanhamento». Veremos como o nome lhe vestirá a pele, por vezes pelo avesso.

II

O diagnóstico de personalidade narcísica, segundo o *Manual de diagnóstico e estatística de perturbações mentais*, vulgarmente conhecido por DSM-IV (embora ultrapassado pelo DSM-V, não deixa de ser particularmente esclarecedor acerca desta patologia), pode resumir-se do seguinte modo:

Sentido de grandiosidade e de importância; exibicionismo e preocupação com o sucesso; resposta violenta (raiva, desapontamento, humilhação, inferioridade e vazio) à ameaça da autoestima, que é frágil; procura de admiração e de atenção, maior preocupação com a aparência do que com a substância; b) Falta de empatia e frieza emocional; c) Relações interpessoais perturbadas, que alternam entre a idealização e o denegrimento (faz o mesmo relativamente ao próprio *self*: ou sobrestima irrealisticamente as suas capacidades ou as denigre); d) As fantasias substituem a atividade realística; e) Frequentemente este quadro surge associado a sintomatologia histriónica, *borderline*, antissocial, hipocondríaca, depressiva e invejosa.

Sigamos, com Xavier, estes aspetos.

a) Exibicionismo e resposta violenta à ameaça da autoestima frágil.

Xavier, um paciente com grave patologia narcísica seguido a quatro sessões semanais, conta-me, visivelmente satisfeito consigo próprio, que o haviam convidado para proferir uma oração de sapiência numa escola, assumindo um papel que não lhe competia. Respondera então, tranquilamente, que «não», renunciando à exibição de uma não verdade, pois não era um mestre na matéria solicitada. Até há bem pouco tempo, tal tranquilidade nessa decisão seria impensável e a interpretação da sua grandiosidade e do seu exibicionismo desencadear-lhe-iam o ódio na transferência contra o terapeuta.

Exibir-se a qualquer custo tinha sido o mote da sua vida. Agora, vinha sentindo o ridículo de aparentar o que não era na essência, se bem que, secretamente, desfrutasse ainda de um imenso gozo por aquele convite. Prenunciava-se já algum prazer mais saudável e em contacto com o seu verdadeiro self, que comigo compartilhava, em poder ser quem verdadeiramente era; a sua autoestima começava a basear-se em competências mais realistas.

b) Falta de empatia e frieza emocional.

Ao momento a que reporto este segmento de terapia, três anos após o início, Xavier começava a dar sinais de eu ter uma existência real para ele. Mas a minha existência tinha ainda pouca afetividade e interioridade reais para si. Como diz Coimbra de Matos (*Vária*, 2007) o sujeito nasce no interior do seu objeto, ou seja, no útero mental daquele. Não é só o paciente quem introjeta o analista; é sobretudo e, primeiro, o analista, quem, numa relação complementar – a do animal alfa para com o animal ómega – vai ao encontro empático do paciente e o acolhe no seu mundo interno.

Xavier ainda não se sentia vivo em permanência no meu interior. Eu era percecionada de um modo peculiar e bastante frustrante: ele via-me como um ser desprovido de um mundo interior, sem lugar para os afetos. Na transferência perspetivava-se uma relação de objeto precoce de abandono e, contratransferencialmente, eu era remetida para uma condição de não existência e de falta de afetos.

Em três anos de relação terapêutica Xavier vivia as sessões como se estivesse dentro de uma bolha autista, conceito de Tustin (1977). Defendia-se da perceção da separação, nunca reparando em nenhuma peculiaridade minha ou do meio ambiente (consultório) que, entretanto, mudara. Fazia-me sentir uma espécie de máquina provedora de sessões, algo que, na minha fantasia, se representava como eu sendo para ele uma *ama mecânica*. A sua única família, os pais (pois permanecia Uma Perspetiva Psicodinâmica Psicanalítica Sobre o Narcisismo solteiro e era filho único), era tratada de igual modo. Ele também desconhecia a comunicação empática consigo próprio. Em vez disso, ruminava, narrava os acontecimentos sem parar e sem permitir interrupções; tinha horror à minha voz, a qual, em vez de o fazer sentir-se acompanhado, o fazia sentir-se a uma distância insuportável da sua existência. As lamúrias com que preenchia as sessões não tinham qualquer valor de elaboração nem de ressonância afetiva.

c) Perturbações das relações intra e intersubjetivas que alternam entre a idealização e o denegrimento.

Xavier tratava-me, ora como um conteúdo fecal, do qual se podia livrar friamente, ora como a derradeira esperança a que simbioticamente se agarrava. A análise, a que pontualmente nunca faltava, e da qual dizia «ser a coisa mais importante da sua vida», fora abruptamente interrompida por si e retomada sem qualquer afeto expressivo aparente. Tomava por adquirido, tal como o ar que respirava, que eu o receberia, que a mãe, de quem dependia economicamente, quase na totalidade, continuaria a sustentá-lo, não obstante os seus ataques e o denegrimento acérrimos.

A expectativa de obter favores sem contrapartida, a exploração do outro, sem sentido de responsabilidade ou de correspondência, servia para esconder a sua imaturidade e, pior ainda, a sua incapacidade de concern (a preocupação com o outro) descrita por Winnicott (1971a).

d) As fantasias frequentemente substituem a atividade realista.

Winnicott relata em *Playing and Reality* (1971) o caso de uma mulher que vivia num mundo de fantasia no qual considerava trabalhar. Ela não podia ascender ao espaço criativo, no qual participam o princípio do prazer e também o princípio da realidade. Para que isso possa ocorrer, são necessários, por um lado, o esforço do ego e, por outro, uma adequada inscrição no espaço-tempo para que o ato de criação se manifeste. O narcísico tem dificuldade em obter prazer e em inscrever-se sob o ditame da realidade.

Xavier passara toda a sua vida de adulto a dedicar inteiramente o seu tempo à arte da escultura, a qual não lhe dava os proventos necessários à sua sobrevivência, e que também o ilibava, perante si próprio, de trabalhar para o seu sustento através da sua formação de base, a de economista. O *seu* mundo era uma retração na fantasia, o que exasperava a mãe, que dele aguardava um comportamento adulto. Vivia de encontros esporádicos com indivíduos que admirava narcisicamente, e dos quais bebia a sua identidade, num funcionamento peculiar à posição autista-contígua, descrita por Ogden (1991).

e) Associação deste quadro com outra sintomatologia.

Xavier sofria ainda de ansiedade depressiva vivida de um modo persecutório e hipocondríaco: medo de envelhecer e de vir a ter uma doença fatal. Sofria de inveja: das mulheres, que tinham encarnado projeções da figura materna, as quais eram profundamente admiradas numa primeira fase, e, posteriormente, denegridas; inveja de uma namorada recente: invejava o seu carro e o seu sucesso profissional; a inveja de mim, mais sub-reptícia, estava latente no ataque às minhas interpretações e na incapacidade de as usar introjetivamente.

Sofria de ansiedade de castração e de falência fálico-narcícisa, na verdade sentia-se um homem com pouca virilidade: exibia-me o seu *falo* de escultor para me seduzir, na esperança de que eu o admirasse, escondendo o seu *self* infantil, acanhado, embaraçado, diminuído e não amado.

A vergonha, o desvalor e o medo da competição são também sintomas visíveis de fantasias grandiosas e exibicionistas mantidas a nível inconsciente, sintomas que Xavier também veio a revelar mais tarde.

III

Kernberg (1984) enfatiza a relação parasitária de objeto e de exploração dos outros na patologia narcísica. A terapia mostra frequentemente que o comportamento controlador e grandioso constituem defesas contra traços paranoides relacionados com a projeção da raiva oral, ou seja, daquela que é proveniente da fase oral precoce do desenvolvimento na primeira infância. A falha nas relações objetais reflete-se na constituição de relações objetais interiorizadas ameaçantes e na incapacidade de dependência de bons objetos internalizados.

Aparentemente Xavier tinha lucrado pouco com o processo analítico. A introjeção era dificultada por uma relação de objeto voraz. Por muito que a terapia lhe desse, ele consumia de imediato o que recebia, para logo disso se livrar, dando ainda a impressão de ter um curtíssimo tempo de atenção e de disponibilidade para a terapia. Lembrava um quadro de malnutrição precoce, pois não era capaz de absorver e de conservar o alimento psíquico que recebia. A ausência de um bom objeto internalizado, leva a que a vida intrasubjetiva seja catastrófica. Xavier era incapaz de estar consigo próprio, com os seus objetos, os seus sentimentos e pensamentos; não conseguia estar sozinho sem recriar personagens imaginárias com as quais convivia.

Kernberg (1984) foca a incapacidade de vivência da depressão e do luto. Um dia, Xavier perdeu a sessão; chegou no último momento. Recebi-o, para dele me despedir minutos depois. Aparentemente deprimido, ele estava, como diz Kernberg, ressentido e raivoso, não aceitando ter perdido a hora e pretendendo inconscientemente que lhe fosse dada a hora seguinte. Não podia aceitar o afeto genuíno da terapeuta que havia esperado por ele, e, muito menos, os limites temporais em geral, bem como o facto de ter perdido aquela sessão em particular. Esperava de mim uma reposição mágica e omnipotente que o pouparia ao confronto com a realidade. O verdadeiro sentimento de tristeza, associado ao da perda, não fazia ainda parte do seu vocabulário emocional.

Para Kernberg, o traço principal desta personalidade é o da ausência de laços emocionais com os outros, o que me faz pensar na personalidade esquizoide de Fairbairn (1952). Por detrás das relações de admiração que estes pacientes procuram, escondem-se a inveja e a raiva destrutivas para com as pessoas de quem dependem. Frequentemente emergem episódios psicóticos na psicoterapia. A clivagem, a negação e a identificação projetiva são prevalecentes.

A terapia deverá trabalhar a dinâmica da relação objetal. No narcísico os limites do ego estão definidos, mas, em consequência das dificuldades relacionais precoces, deu-se uma *refusão do self* com as representações do objeto. Kernberg postula a criação de um *self* real, um *self* ideal e um *self* denegrido e as imagens objetais correspondentes, de tal forma que o paciente narcísico funde o self real com o *self* ideal e o objeto ideal, de forma a atacar o objeto real. Assim munido, fica como que por detrás de um muro quase inexpugnável (*o muro do narcisismo* de Rosenfeldt, 1964). É como se o paciente dissesse: «Eu tenho tudo o que preciso, a minha pessoa real e ideal e o objeto ideal». Como resultado desta *refusão* as imagens inaceitáveis do *self* são projetadas no objeto externo, o qual é visto como atacante e ameaçador.

O trabalho terapêutico, para este autor, é familiarizar o paciente com a sua raiva oral primária e com a inveja, com o seu ódio pela mãe agressiva, e com a falha de integração entre os aspetos amorosos e os frustrantes. Aceitar o terror da intimidade (Winnicott diria da dependência) e a realidade da outra pessoa, ou seja, aceitar a separação, são objetivos da terapia.

Cooper (1986) acrescenta a esta patologia a dimensão masoquista. Os danos precoces do narcisismo levam a uma tentativa de reparação, mediante fantasias omnipotentes de controlo da raiva, da frustração e do desamparo. O masoquismo surge quando o indivíduo começa a retirar satisfação do controlo e do domínio das experiências de privação. O paciente tenderá a provocar a realidade de forma a sofrer danos e injustiças. Defende-se então agressivamente, negando a sua quota-parte de responsabilidade no que lhe acontece, alimentando os sentimentos de autopiedade e de ter azar na vida. O masoquismo disfarça os danos sofridos ao narcisismo. Assim, quando se interpreta o narcisismo, surge o masoquismo, e quando se interpreta o masoquismo, surge a defesa grandiosa narcísica.

Xavier, que explorava a mãe, dela dependendo, fazia-se passar por vítima, aguardando um dia pela justiça que lhe reconheceria os dotes, até então nunca valorizados. Na realidade ele era sádico em relação ao objeto, desprezando-o e parasitando-o. Quando lhe interpretava a clivagem masoquismo-sadismo, expressa na relação transferencial e na relação com os objetos significativos, era a agressividade sádica que emergia; gritava e gesticulava comigo: «a Maria José é como a minha mãe, que só me diz que eu preciso de trabalhar, de ganhar dinheiro, e *não vêem quem eu sou*». Ou então era a submissão masoquista a *esse imperativo*, ou era ainda a exibição grandiosa e agressiva do *self* que «exigia ser servido, não suportava as tarefas do quotidiano, perder tempo a tratar de assuntos mesquinhos», etc.

IV

Kohut (1984) enfatiza na patologia narcísica o aspeto coeso desta organização do *self*. Esta patologia identifica-se na terapia por uma transferência típica: especular ou idealizante. O Édipo é «como se», inscrito num palimpsesto que, quando se apaga, põe a nu as ansiedades narcísicas e a ameaça de perda de um *self* coerente.

A patologia *borderline* distingue-se da narcísica pela dificuldade da integração do *self*, pela impulsividade, pela labilidade, pelos *acting-outs* sexuais e suicidas, pela instabilidade relacional, pela franca recusa de ficar só, pelas manifestações psicóticas e pela perturbação da identidade sob *stress*.

Etiologicamente, de um ponto de vista do desenvolvimento, a patologia narcísica situa-se na fase precoce de separação da mãe e na fase de diferenciação de si próprio como um indivíduo separado. As falhas no *holding*, no estabelecimento da omnipotência e na sua perda progressiva, as falhas na tolerância da rudeza e da agressividade natural do bebé, no incentivo da autonomia, as falhas na *resposta empática* às necessidades deste, provocam a raiva, a frustração e a irrupção de fantasias grandiosas e omnipotentes que são tentativas de reparação destes danos narcísicos.

A terapia, para Kohut (1971), deverá utilizar o *método empático*, em vez do analítico clássico, e nisto assemelha-se a Winnicott. Só depois de reparadas as falhas empáticas o paciente, regressado, poderá retomar um novo desenvolvimento com um *novo* objeto. Para tal o terapeuta terá, primeiro, de se colocar na *pele* do paciente, para só depois lhe interpretar a sua excessiva necessidade de atenção.

No meu paciente, não obstante toda a evidência do seu esforço para me tiranizar, denegrindo as minhas dádivas com as suas exigências de atenção e o seu exibicionismo, eu ia procurando, através da minha atuação empática, as razões para a sua raiva e para o seu desconsolo. À medida que se ia sentindo compreendido, em que a comunicação ganhava um sentido partilhado, ele ia aprendendo a estar consigo próprio.

Eu reconhecia a existência de uma depressão precoce vivida na primeira infância, altura em que a mãe tivera uma depressão, e ele fora entregue aos cuidados de uma criada: a tal *ama mecânica* presente na minha contratransferência.

Para Kohut, a mãe tem de corresponder às necessidades de a criança ser admirada e de poder idealizar os pais. Em Xavier, não obstante o seu exibicionismo, era evidente que ele desconhecia as suas capacidades reais, valorizando outras inexistentes, fantasiosas, as quais correspondiam ao seu desejo de ser admirado, como ele admirara o pai. Exibia-se porque não se sentira admirado e porque se desconhecia enquanto pessoa. Poder-se-ia dizer que Xavier tinha uma identidade deformada, *imagóica-imagética*, no dizer de Coimbra de Matos: no lugar do *self* estavam ambições que não eram as suas, mas sim as do pai, que sempre esperara do filho que esculpisse o seu *Rei David*, à semelhança do de Miguel Ângelo, na qual ele, pai, seria o modelo. Neste Édipo falhado, Xavier procurava identificar-se com o pouco que conhecia do pai, para se aproximar de uma mãe, dele há muito perdida. No lugar dos *imagos* idealizados estavam uns pais persecutórios, implacáveis, desatentos, humilhantes e inacessíveis.

Para Kohut o trabalho terapêutico nesta fase centra-se na análise das *transferências especular* e *idealizante*, as quais correspondem a duas formas de que o narcisismo primário se reveste: o *self narcísico* é a fonte dos impulsos narcísicos, de onde brota a ambição que empurra o ego para a ação; o *imago parental idealizado*, ideal do eu, é o guia e o reportório dos ideais que orientam o *self* narcísico na realização de objetivos realistas, se forem bem integrados no eu.

No quinto ano do processo terapêutico Xavier descobrira-se um escultor talentoso e, nos anos subsequentes da relação terapêutica, pudera conhecer um grande sucesso artístico. Contudo, no plano afetivo o seu eu continuava deprimido, mas já podia ouvir o outro, elaborar os seus pensamentos, estar sozinho em silêncio e associar ideias e emoções. Eu assumira claramente dentro de si o lugar do bom objeto e a terapia era já uma relação a dois. Contudo, a falha de investimento libidinal precoce tinha ainda uma repercussão bem visível na dificuldade em aventurar-se no amor: a namorada, exasperada, havia-o traído e abandonado há muito. Xavier vivera uma profunda depressão e não fora mais capaz de procurar o amor.

Nesta fase em que era nítido o avanço da relação terapêutica ele vê-se, pela primeira vez, em sonhos, a conduzir um belo carro. Uma mulher mais velha está a seu lado. O plano é muito inclinado e ele não tem força para carregar no acelerador.

Considero este sonho paradigmático do estado do seu *self* e do seu objeto narcísico: sentia-se amado, apoiado pela terapeuta que estava ali a seu lado e que não deixava cair o carro na ribanceira; sentia-se valorizado narcisicamente, o que era representado na imagem do carro de boa marca; já podia começar a conduzir a sua vida, era o condutor. Mas faltava-lhe ainda a reparação narcísica mais profunda, a que lhe daria a força necessária para carregar no acelerador a fundo e vencer a inércia e a força sugadora da depressão; faltava-lhe ainda a líbido de que não fora investido na relação precoce, e da qual não se preenchera ainda na relação terapêutica.

Xavier precisou de elaborar uma depressão precoce. As suas queixas permanentes careciam da empatia que o objeto não lhe havia ofertado. Mais tarde pôde perceber, elaborando comigo, que me tratara com essa mesma falta de compreensão e com a mesma tirania com que se sentira tratado na infância. Durante meses, e anos, a minha presença inquebrantável, o meu não abandono face à sua insaciável fome de reconhecimento e de amor, que apareciam nos seus substitutos narcísicos de fome de atenção e de admiração, levaram-nos ao encontro de uma enorme depressão e dor precoces. Afinal, não tinha sofrido unicamente com a depressão da mãe na primeira infância, mas também com uma sucessão de abandonos que começaram com a depressão pós-parto da mãe e se prolongaram com a perda da casa de família no início da sua escolaridade, bem como de outras circunstâncias adversas na história da sua família.

A minha persistência e a minha interpretação conduziram-no, num dia, sete anos após o início do processo terapêutico, a admitir o meu afeto por si e também o dele por mim. Descontraído nas sessões, começara a rir-se, a poder partilhar o que sentira com as minhas interpretações passadas (numa avaliação *a posteriori*), como me confundira com a mãe que o denegria, o que o levara a gritar-me nas sessões e a falar sozinho contra mim em casa.

Trouxe-me então pequenos modelos escultóricos e explicou-me o seu significado icónico, com o afeto autêntico de quem descobre finalmente a *sua família*. Acarinhou-me como se eu fosse a mãe que o poderia ter acarinhado na infância. A análise do narcisismo fora bem sucedida. Estavam reunidas as condições para o processo psicanalítico prosseguir.

CAPÍTULO 6

UMA ENTREVISTA IMAGINÁRIA NA HOLOGRAMOTECA

Conversa a três: homenagem a Winnicott e a quem mo apresentou – uma entrevista imaginária

O que vou contar pertence a um espaço intercalar, onde a fantasia se entrelaça ao de leve com a realidade para melhor a realçar.

Proponho-me fazer uma entrevista imaginária a Donald Winnicott sobre o tema do falso *self*. A entrevista tem lugar numa biblioteca imaginária, a *vídeo-hologramoteca*, onde, num ambiente de intimidade e de recolhimento, os leitores podem encontrar, e falar diretamente, com os grandes autores.

No decurso da entrevista levarei um caso à supervisão de Winnicott.

Na derradeira parte do trabalho interrogo-me acerca do falso *self* dos analistas e, utilizando os conceitos de Winnicott, farei uma incursão ao longo do percurso de formação do analista de modo a poder questionar o papel do meio psicanalítico como facilitador do desenvolvimento do verdadeiro *self* do psicanalista.

A *video-hologramoteca* era a mais recente aquisição da Sociedade de Psicanálise. Era uma biblioteca, onde, num ambiente de intimidade e de recolhimento, se simulavam encontros com os autores.

Percorria apressadamente a Av. Espaço Potencial, pensando no convite de participar no colóquio sobre a obra de Winnicott. O meu tema seria o falso *self*. Lembrava-me do conceito que se lhe antecedera, o de personalidade «como se», de Helen Deutsch (1942): pessoas aparentemente normais, mas sem genuína criatividade nos planos intelectual e afetivo; atores bem treinados a quem falta a centelha que causa a impressão verdadeira; atores e não autores das suas próprias vidas.

Winnicott está sentado na minha frente. Com seu ar plácido e perspicaz dispõe-se a falar dessa matéria. Tentarei reproduzir o que me ficou do encontro.

«Falso *self*? É o que não deriva do indivíduo, mas do aspeto materno do par mãe-bebé. É uma clivagem, um sistema defensivo altamente organizado que toma o lugar do verdadeiro *self*, assumindo para com este as funções de cuidador e de protetor. O preço a pagar é o de uma existência pautada pelo desespero, pela futilidade, pela inutilidade ou pela irrealidade.

«Exemplos? A tendência anti-social. Houve uma boa experiência na fase da absoluta dependência, que é depois perdida na fase da dependência relativa. A criança sabe, no seu âmago, que a esperança está no seu comportamento malvado e que o seu desespero está ligado à condescendência e à falsa socialização. Se tiver a sorte de encontrar um meio forte, amoroso, seguro e não punitivo – a punição só endurece a defesa – então poderá reencontrar os impulsos primitivos amorosos, o sentido da culpa, a compaixão e o interesse por emendar.

«Outro exemplo? O da intelectualização sediada num falso *self*: no caso de o bebé ser explorado no seu poder mental para poder sobreviver às falhas de uma mãe errática, descontínua, umas vezes boa, outras vezes má. O bebé supre a função da mãe, numa fase em que dela deveria depender. Daqui resulta que o intelecto fica clivado do psico-soma e surgem os defeitos, ou a insuficiência do funcionamento mental, ou os estados confusionais em que a identidade já não se situa no corpo, causando o sentimento de vazio e de futilidade. Esta inteligência ao serviço do falso *self* esconde um grau de privação, uma ameaça de caos ou de desintegração da personalidade. Esta situação ocorre nos casos de crianças que parecem ter um futuro promissor até que uma depressão mostra a ausência do desempenho do verdadeiro *self*.

«A mãe falha como ambiente facilitador e como objeto. Não me refiro à perfeição, que essa é própria das máquinas. O ser humano falha e tem a capacidade de emendar os seus erros, o que é uma medida do seu interesse e do seu afeto. Refiro-me às falhas sucessivas, não emendadas. No falso *self* a mãe não vai ao encontro das necessidades do *id* e do ego do bebé nas etapas de transição da dependência para a dependência relativa. A mãe não implementa a omnipotência do bebé, assim como a sua criatividade primária, as quais permitem o paradoxo de a criança ser o deus que cria a mãe; a mãe não se torna no objeto que o bebé está preparado para encontrar; a mãe não o ajuda depois a lidar com a perda da omnipotência; não vai ao encontro do gesto espontâneo do bebé, mas antes substitui-o pelo da submissão deste.

«Sabe? A submissão e a condescendência são facilmente confundidas com a maturidade, mas são produtos do falso *self*, cuja cisão maior é a esquizofrenia. Na maturidade há um *self* polido, resultante da capacidade de compromisso e de adaptação, que não choca com o verdadeiro *self*. Este só é conhecido na intimidade.

«Para perceber isto é também necessário evocar a minha noção de verdadeiro *self* que é, à partida, no início da existência, pouco mais que a vida sensório-motora. Só o verdadeiro *self* pode conter as experiências autênticas, sentir-se real, criativo. No seu coração está o potencial herdado que experiencia a continuidade do ser – base da identidade – e adquire, à sua velocidade, uma realidade psíquica e um esquema corporal. Este coração do *self* deve permanecer num estado de não reação, de quietude e de isolamento, único ponto a partir do qual um *self* se pode constituir.

«Um meio, que sucessivamente falha na proteção do coração do verdadeiro *self*, não só não facilita o seu desenvolvimento, como constitui um choque, uma ameaça na continuidade do ser que entra em risco de agonia de aniquilação. Para se defender, o ser distorce-se, estabelecendo uma continuidade baseada na reação aos choques. Choques que dificultam o regresso ao estádio de não reação e de isolamento que ocorrem na saúde do bebé e que estão frequentemente na base da insónia. O ser, perturbado no processo de ilusão e de gradual desilusão, não ascende verdadeiramente à existência criativa, ao jogo simbólico – único lugar onde nasce o sujeito experienciante. Esse lugar não é nem a realidade nem a fantasia, mas sim o espaço potencial entre ambos, entre a mãe e o bebé».

O meu pensamento interrompe-me, lembrando-me a noção de verdadeiro *self* de Bollas: um potencial herdado, experimentado como continuidade do ser; um lugar de solidão, sem palavras ou imagens; um écrã, sala de espetáculo que aguarda a projeção do filme interior. O verdadeiro *self* só ascende à existência através das experiências que são com ele ressonantes: as que resultam do encontro entre as pré-conceções (conceito de Bion) e o mundo objetal. Este encontro dá uma forma de prazer especial, de *jouissance*.

Na luminosidade coada da sala surge lentamente a Elsa, minha paciente de meia-idade que segui durante dois anos a três sessões semanais. Winnicott concorda, com um gesto, que falemos dela. Elsa presenciara, na adolescência, a morte inesperada do pai, subitamente vitimado, na meia-idade, por um acidente de trator. Sofre, desde então, de insónias, tonturas, pânico de morrer, de que alguém morra ou de que suceda alguma catástrofe. Diz ela:

«O meu pai era um homem rígido de princípios. Não precisava de ralhar; bastava levantar-me os olhos. Mas era daqueles que davam a camisola se fosse preciso; só não dava a liberdade. Na adolescência vivi no estrangeiro com uns tios maternos de quem ele gostava muito, e eu também gostava deles quase como pais, e dos quais a minha mãe ainda hoje tem ciúmes. Quando voltei ao país, tinha ganhado coragem para falar com o meu pai. A nossa relação tinha mudado muito, mas ele morreu pouco tempo depois. Critiquei-o muitas vezes, até que percebi que a minha mãe era insuportável com os seus ciúmes, sempre a controlar o meu pai quando ele chegava tarde. Muitas das reações do meu pai eram por causa de ela ter esse comportamento. Eu soube disso, mais tarde, porque ele havia deixado um testemunho através de um amigo.»

Elsa, anestesiada pela medicação, nunca havia verdadeiramente elaborado a morte do pai. Um dia trouxe-me o sonho de estar no mar dentro de um barco e de vir uma onda devastadora que agitava todas as embarcações. Ela era a última a sentir o embate da onda. Recordou-se de pesadelos semelhantes que tivera após a morte do pai; nessa época os barcos naufragavam irremediavelmente nos seus sonhos. Começava a sentir-se protegida na embarcação analítica, mas a ameaça da catástrofe pairava e eu pressentia-a como um eco provável de outra mais a montante da sua vida. Lembrava-me da descrição de Deutsch de uma adaptação ao meio conseguida através de identificações-imitações, as quais não tapam o vazio da perda do verdadeiro investimento objetal. Questionava-me ainda se estaria na presença do complexo da mãe morta, descrito por Green (1988), quando a mãe desinveste subitamente os seus cuidados do bebé, deixando de estar viva para ele, e este também a desinveste, perdendo a sua vitalidade.

Elsa sentia-se não realizada, a sua vida era desinteressante. Aluna brilhante, nem o curso nem a profissão haviam sido do seu agrado pois nunca soubera daquilo que gostava. Separara-se após o casamento. Como mãe, sentia-se culpabilizada por ter sido pouco disponível. Sem ter amigos, sem ter companhia ou suporte materno? – tinha apenas as tremuras com que se abanava, ou melhor, se embalava continuamente nas sessões. Não tinha nada para me dizer: a sua vida era uma inutilidade, nada acontecia. Na sua perspetiva não valia a pena ir à análise porque não me ajudava estando em silêncio. Queria perceber tudo intelectualmente, acabando por não perceber nada. Por exemplo, não compreendia o caos que a havia invadido quando o pai morrera, um caos que me fazia viver, levando-me à exaustão através de uma comunicação que parecia sem vida. «Porquê? E porquê?» Ecoava-me, imitando-me sem sarcasmo: «Sim? Então, o que me diz hoje? Eu não tenho nada para dizer.»

Entrevistava-me, colocando-me inúmeras questões numa exigência contínua que eu sentia como a ansiedade de se certificar de que eu estava ali na sua presença, viva. Uma ansiedade para me reanimar como se me supusesse morta. As suas dádivas, que me recompensavam inteiramente, consistiam em chegar ao fim das sessões sem tremer desabaladamente; era a diminuição dos temores catastróficos de queda e de morte; era esquecer-se de tomar os antidepressivos, os ansiolíticos e os hipnóticos; era ela ensaiar as separações perdendo-me cada vez menos dentro de si nos finais de semana e nas férias.

Lentamente eu ia tomando nela o lugar de um novo objeto permanente, um objeto de confiança, que a embalava sem agitar, que a sustinha, não a deixava cair, alguém com quem podia ensaiar estar em silêncio sem se explicar, pois eu não morria, nem me perdia ou desaparecia.

A qualidade da sua vida melhorava, mas não o suficiente para a sentir criativa ou interessante. Preenchia o seu vazio de uma forma omnipotente, tornando-se o suporte vital da mãe, a qual sustentava. A vida sem interesse resultava em parte da repressão com que mantinha inconscientes as razões de queixa e de raiva em relação aos objetos. Essas razões queriam ser pensadas e afloravam perturbadoramente o seu soma sob a forma de tonturas, de pânicos e de medo de adoecer. Elsa parecia recear, acima de tudo, cair nos meus braços e reensaiar a experiência primeva da dependência dos cuidados maternos.

A culpa e o medo da retaliação do objeto levavam-na a proceder a reparações contínuas. Não podia ter a mínima razão de queixa de quem se achava devedora de amor: da mãe e de mim. Perceber que pensava mal dos seus amores era de tal forma perturbador que quase se despersonalizava. Aquela não era ela. Sobrevinha-lhe o pânico de se descobrir uma pessoa de quem não gostava. O receio de tornar-se uma Mrs. Hyde.

Pensar nisso, no entanto, aliviava-a, e levava-a a tomar algumas atitudes na vida que a faziam sentir-se mais autêntica; atitudes mais afirmativas e mais protetoras de si própria. No entanto, o seu mundo interior assemelhava-se a uma ditadura asfixiante: os oprimidos, os submetidos, não podiam falar. A relação comigo sobrevivera a alguns conflitos, os quais eu saudara, motivados pela inevitável perceção de que eu não era perfeita e ela tinha razões de queixa que manifestava na tendência a submeter-se-me, ou a atrasar-se no pagamento das consultas. Começava a estar mais relaxada e bem-humorada.

Um dia, em que não tinha sessão, telefonou-me, angustiada. Senti urgência na sua voz e não hesitei em me adaptar, arranjando-lhe uma hora extra. Deitada no sofá contou-me que havia enlouquecido. Estava no trabalho. Fizera um pedido a um colega, mas este ignorara-a. Noutra circunstância não ligaria, submeter-se-ia como toda a vida acontecera, mas perdera a cabeça e desatara a discutir com o colega. Alguns funcionários murmuraram contra ela e haviam apoiado o colega. Apareceu o chefe, que percebeu o pedido dela e deu ordem para que este fosse cumprido. Porém, ela estava furiosa com o colega e queria partir-lhe a cara. Só lhe passava pela cabeça a ideia de pegar nas cadeiras e partir tudo. «Se tivesse uma pistola matava-o.»

Eu disse-lhe docemente: «Oh, Elsa! Estou tão contente por si! Afinal, você está viva!»

«Não está a perceber – chora de mansinho – eu tinha-o matado mesmo!»

«Mas não matou! Corre sangue nas suas veias! A verdade da raiva que sentiu no passado, mas calou para não enlouquecer. A verdade que desencadeou a raiva, o protesto, foi a dor imensa que sentiu quando aqueles de quem precisava de atenção, de ser alimentada, lhe viraram as costas: o pai, que morreu quando mais dele precisava para se reconciliar consigo; a mãe, que quando a Elsa era bebé cuidava de si a pensar noutras coisas; eu, quando não lhe dou o afeto e a compreensão, os alimentos de que precisa. O que a foi destruindo durante todos estes anos foi ter ficado submetida, obrigada a engolir essa raiva, não a poder sentir ou sequer pensar para não enlouquecer. O preço a pagar foi ficar mentalmente morta, com a vida sem interesse, sem sentido, para não ripostar à mãe, mais tarde ao pai, à família que não compreendeu o seu desespero.»

Winnicott sorri e intervém: «A mãe que não sobrevive ao gesto espontâneo do bebé, porque se deforma, desaparece, retalia, rejeita ou pune, não permite ao bebé a experiência da perceção objetiva do mundo, separado de si próprio e impede-o de alcançar a fase do uso do objeto. O gesto espontâneo é o que nasce no verdadeiro self, indica o seu potencial e é uma expressão primária motora do amor primitivo, desapiedado e cruel. A expressão deste gesto dá satisfação ao self, alivia a tensão instintiva e, muito importante, coloca o objeto fora da área da omnipotência do self. É função do analista identificar e facilitar esse gesto espontâneo.» Winnicott dá-me a palavra para eu prosseguir o meu relato sobre o caso da psicanálise de Elsa.

No dia seguinte a paciente vinha satisfeita:

«Dormi muito bem a noite passada: sem comprimidos, pela primeira vez desde a adolescência. Quando me disse que estava contente pela minha agressividade experimentei um banho de água fria, mas essa foi a palavra certa no momento certo. Lembrei-me de, noutro tempo, pensar que a análise era só conversa inútil. Já tinha tentado dois psicólogos, mas tinha desistido ao fim de pouco tempo.»

Dou-lhe a explicação: «A Elsa manteve escondida, mas sempre presente, a esperança de encontrar uma nova relação que lhe desse outras condições para viver.»

Elsa respondeu-me: «Só perceber não muda nada. Nós criamos uma grande confiança em si. Às vezes, quando fala, não percebo, mas sinto. Por exemplo: aquela ideia de a minha mãe me ter voltado as costas, estar pouco presente para mim quando eu era pequenina, factos que sempre pensara terem ocorrido mais tarde em consequência da morte do meu pai, percebi agora de um modo diferente. No princípio até parecia que não tinha sentido nada. Ontem, ao conversar com uma amiga de longa data, vieram-me à cabeça memórias esquecidas. Ela contou-me que a minha mãe, quando eu nasci, esteve muito doente com ciúmes do meu pai. Deve ter sido quando ele lhe contou que tinha tido outra família e outro filho nascido dessa união anterior ao casamento. E há um acontecimento engraçado em relação à minha tia, aquela que nunca teve filhos e que me sustentou depois da morte do meu pai. Eu, quando era miúda, atirava-me para o colo dela. A minha mãe tem muitos ciúmes desta tia. Impediu-a de lá ir a casa porque o meu pai, que a tratava como uma irmã, trazia-lhe as prendas mais inesperadas. A minha tia, quando jovem, adoeceu gravemente, e, no decurso do tratamento, encontrou aquele que viria a ser o meu tio que era, na época, médico estagiário no hospital onde ela se encontrava. Isto é um bocado confuso, veja lá do que me lembrei.»

Interpretei num tom sonhador:

«Lembrei-me da dor de perder aquela a quem chamava «tia», mas que sentia como mãe; aquela que me compensava da depressão e da ausência precoce do afeto da minha mãe. Lembrei-me disto porque vi na minha analista a tia, ou melhor, a verdadeira mãe com quem posso recomeçar a ter prazer de estar comigo própria, com quem posso adormecer confiadamente. E fiz uma hipótese quanto às minhas origens: esta vida inútil, morta, em que tenho vivido, provém daquela mãe deprimida do passado que ficou dentro de mim, mas eu tive, e estou a ter consigo, outras experiências que me fazem sentir viva.»

Lembrava-me do que Deutsch descreve como o «mito» destes pacientes, o qual se assemelha bastante ao conceito de «romance familiar» de Freud. A relação libidinal com os objetos reais foi poderosamente reprimida, mas pode ser descoberta na análise com a sua catexia total libidinal: neste caso, a fantasia inconsciente de poder ter nascido de um caso de amor entre a tia e o pai.

Winnicott sorri-me acrescentando: «Não ficam memórias da dependência ou da situação da falha pois estas são impensáveis. Aconteceram num período em que o bebé não as podia elaborar, por isso são congeladas juntamente com a esperança de uma nova capacidade de serem descongeladas pelo meio. Mesmo no mais severo caso de falso *self* existe uma vida secreta oculta, insatisfeita pela privação da experiência vivida, um verdadeiro *self* escondido que aguarda melhores condições para nascer. Por vezes ele está tão escondido do próprio *self* que este não tem consciência do que perde se morrer, como é o caso do desespero no caso do suicídio. Congelada a situação de falha da dependência precoce a doença é a única saída, até que uma nova experiência, a da regressão a essa falha, com um *novo objeto* – o analítico – num *novo meio*, fiável, facilitador, protetor e contentor, se adapte, corrija e descongele a falha inicial e retome um novo desenvolvimento.»

Veio-me à mente esta força inconsciente que procura o meio facilitador, a pulsão do destino segundo Bollas. Winnicott prossegue:

«Rendido e relaxado nos braços de um ambiente-mãe absolutamente fiável, o falso *self* cuidador entrega-se ao analista. Rendido ao ego total, encontra o verdadeiro *self*, qualquer que seja a sua natureza, mesmo que agressiva, encontra o sentido do que é real de verdade, e encontra a situação de falha do ambiente precoce. Na nova situação originária de sucesso do narcisismo primário, resultante, desta vez, da fusão entre o paciente e o *setting*, o *self* irrompe de novo.»

«Rumo a novos rumos», digo eu. «Isto é o que acontece quando tudo corre bem, mas nem sempre as coisas correm bem. Preocupam-me, o que me parecem ser manifestações em mim de um falso *self* analista. Por exemplo: quando, no contexto analítico, me surpreendo a reproduzir as palavras do meu supervisor, ou as do meu analista; ou quando faço interpretações intelectualmente acertadas, mas inúteis. Será para me defender de sentir-me separada, com identidade própria? Estarei a defender-me da relação com o paciente, a defender-me de ser invadida pelas suas ansiedades?»

«Ou será que não está a perceber nada do que se passa na relação com ele?» diz-me, bem-humorado, Winnicott.

«Usando a sua teoria e pensando no seu conceito de "provisões analíticas", procedi a uma reflexão escrita sobre o longo percurso de formação do analista e sobre o papel do meio psicanalítico como facilitador do desenvolvimento do verdadeiro *self* do analista. Posso ler-lha?»

Winnicott assentiu positivamente.

«Uma parte significativa da minha identidade nascera na maternidade analítica. Lá, devidamente espelhada, encontrara o meu verdadeiro *self* e sentia-me agora bem real: a vida valia a pena ser vivida. Anos de trabalho afincado, identificando e trabalhando a dinâmica da transferência e da contratransferência, analisando a interferência dos meus objetos internos persecutórios e odiosos na minha vida, haviam-me erguido da confusa fase da relação de objeto à do uso do objeto, à do jogo, à do espaço simbólico. Foram anos em que eu não percecionara objetivamente o objeto analista, mas antes o tomara como um prolongamento da minha subjetividade; foram anos em que ele fora um contentor da projeção dos meus objetos, das minhas peculiaridades e dos meus estilos de relação.

«O seio analítico fora um bom provedor de cuidados maternos. O manejo, a espera e a fé em mim – de que um dia eu chegaria aonde precisava de estar –, a identificação e a preocupação comigo, tinham sido recompensados pela aurora, em mim, de um ego observador capaz de se recobrar da regressão no final das sessões. Ego, mais tarde, analítico, fruto da observação e do espelhamento resultantes de um bom analista num ambiente de dependência, de emersão e de adaptação às minhas necessidades. O sentido de *self* fora resgatado do estado de não integração, o qual, por definição, não é observado nem lembrado, até ao momento em que seja lembrado por alguém.

«A família analítica proporcionara-me as condições para que eu pudesse *ser* antes de *fazer*: ser analista antes de fazer análises. O pai, que representa a ciência psicanalítica, estivera presente desde sempre, na relação entre mim e a mãe analista. Eu apercebia-me do desejo da mãe-analista por ele, a ciência psicanalítica: sentia-o na forma como ela lidava com o quadro nalítico, assim como também o sentia no conteúdo das suas interpretações. Ela despertou em mim a curiosidade e o desejo de conhecê-lo melhor.

«Ele, mais tarde, encarnado na figura do supervisor, rodeara-me de um mesmo ambiente fiável e facilitador do desenvolvimento, numa atitude de continuidade dos cuidados anteriormente prestados pela mãe-analista. Juntara-lhe progressivamente uma gradual desadaptação, uma progressiva frustração com a qual ia temperando o meu caráter e conduzindo-me ao real e à perceção de eu ser já uma analista de mim própria pois realizara uma análise. Agora era o tempo de adquirir a competência de *fazer* outras análises; tempo de expansão das qualidades analíticas, de integração do elemento masculino, o proveniente do supervisor, no meu *self* analítico. Passava da perceção subjetiva do objeto «minha análise», à perceção objetiva desta: fazia uma análise da minha própria análise, continuando agora em autoanálise.

«Esta transição representava, contudo, uma separação, uma busca de externalidade que não acontecia sem a participação da destrutividade e do receio das suas consequências: estaria eu a atacar a minha experiência analítica por repensá-la de um modo diferente? Tratava-se de uma dúvida dilacerante à qual se seguia o alívio. A experiência analítica não era destruída: sobrevivia em mim, pois estava solidamente ancorada no meu interior, disponível para ser usada, uma e outra vez, sem fim: era uma fonte de criatividade. Descobria, a um tempo, a alegria da separação e da distância, e a da constância, da proximidade e da união com ela. Estabelecia-se uma ligação entre o meu *self* analítico, nascido da análise, e o meu *self* analista emergente da formação.

«A apresentação à família psicanalítica fora uma festa. Os pais e as mães estavam unidos na partilha da responsabilidade pelo que haviam feito juntos: crianças-analistas (que não existem separadas do meio, pois «não existe tal coisa, um bebé» ou um candidato a analista sem os pais-analistas). O objeto, que constitui o corpo dos estudos psicanalíticos, foi-me apresentado na formação. Eu podia brincar com ele. Ele era simultaneamente criado por mim e exterior a mim: uma coisa em si que aguardava o meu investimento, o meu estudo e a minha paixão. A cultura científica descobria-se como uma área intermediária, um espaço potencial onde eu podia ser criativa dentro da tradição-conhecimento.

«As minhas experiências, os meus trabalhos, as incursões na realidade compartilhada na inconformidade com certas regras, encontravam um meio que reconhecia a minha individualidade, mas ainda não a minha maturidade; um meio que me confrontava sem retaliações. Apercebia-me do papel formativo dos pais analistas para com os filhos adolescentes: iam ao encontro das necessidades de se sentirem e de serem reais, confrontando-os pessoalmente, sem fazerem uso da vingança ou da retaliação, aguentando o desafio e mantendo a sua própria força».

«Agora, diga-me cá», interpela-me Winnicott: «Estou curioso: quem é que me apresentou a si? Com quem partilho eu a homenagem que me dedica?»

«Com o autor da noção de "função analisante", o Doutor António Coimbra de Matos, meu professor e amigo, cuja obra enriquece a psicanálise, este lugar onde vivemos.»

Fizera-se noite. Na rua corria uma brisa fresca. Quando se brinca, o tempo passa num instante. Pelo denodo, quase furioso, que havia aplicado nesta homenagem a Winnicott, poderia deduzir que o meu verdadeiro *self* tinha estado nela comprometido.

APÊNDICE DOCUMENTAL

Um depoimento sobre a consulta e o tratamento psicanalíticos

M. tem nove anos e deu o seu testemunho público acerca da experiência das sessões que teve connosco numa rubrica intitulada «Ir ao psicólogo».

A entrevistadora, Rita Xarepe, introduz o depoimento de considerando que a menina vai à psicóloga e que pode confiar nela. O diálogo começa desta maneira:

— Como te sentiste quando a tua mãe te sugeriu ires a uma psicóloga?

— Não sabia como era, mas pensei que podia experimentar.

— E como é?

— É bom, é interessante. Gosto de falar com a minha psicóloga, que é uma pessoa que já conheço bem. Conto-lhe as coisas que me acontecem, as mais emocionantes e as mais tristes. Sinto que posso confiar nela.

— És tu que escolhes o que fazem?

— Conversamos e vamos vendo o que tenho para lhe contar nesse dia. A partir de uma coisa que me aconteceu há pouco tempo, vamos conversando e posso fazer um desenho que tenha a ver, fazemos jogos.

— Para que servem os desenhos?

— Para explicar o que me aconteceu.

— O que sentes quando estás nas consultas?

— Sinto-me muito bem e à vontade e, quando saio, estou muito feliz porque falámos. Normalmente divirto-me.

— É diferente de falar com os pais ou com os amigos?

— Não é diferente, mas às vezes é melhor contar-lhe a ela porque falamos mais sobre isso e ajuda-me mais a pensar nas coisas.

— Notas diferença em ti?

— Sinto-me mais à vontade a resolver coisas e percebo melhor o que é importante para mim.

NOTAS BIBLIOGRÁFICAS

«O psicanalista na sua oficina». Texto introdutório escrito expressamente para este livro.

«Um apontamento sobre a experiência de supervisão». Texto publicado na revista Kairos, n.º 2, de novembro de 2014.

«Uma reflexão sobre a experiência de supervisão». Texto apresentado no auditório da FNAC, aquando a apresentação do livro de António Coimbra de Matos, *O Desespero*, Lisboa, Climepsi Edições, 2002, no Centro Comercial Colombo, a 6 de maio de 2002.

«Da criatividade à responsabilidade terapêutica». Texto desenvolvido a partir do comentário final ao Dia Aberto da Sociedade Portuguesa de Psicologia Clínica, subordinado ao tema «Criatividade: fazer o sentir», que decorreu no Auditório 2 do Fórum Telecom, no dia 21 de fevereiro de 2015.

«Paulinho e a sua viagem: da era dos rasgões e da tesoura à era da estrelinha». Texto posfacial publicado na obra de António Coimbra de Matos, *O desespero*, Lisboa, Climepsi Editores, 2002, pp. 463-468. O poema inserido neste capítulo, da autoria de António Vera, está publicado em *cursivo menor*, Lisboa, Edições Colibri, 1998, p. 88.

«Momentos de perda e de transformação: considerações teórico-clínicas no âmbito na nova relação». Texto apresentado no Dia Aberto da Sociedade Portuguesa de Psicologia Clínica, subordinado ao tema *Perda e transformação*, que decorreu no auditório 2 do Fórum Telecom, no dia 3 de fevereiro de 2017.

«A minha sina: tornar-me um vagabundo. Ajuda-me! (um caso de psicanálise de uma criança)». Caso apresentado em Paris, em 21 de setembro de 2002, na Sociedade Europeia de Psicanálise da Criança e do Adolescente, no atelier clínico orientado por Sára Botella, Eric Valentin e Christine Jean-Strochlic. Publicado na *Revista Portuguesa de Psicanálise*, n.º 4, de dezembro de 2003, pp. 119-134. O poema inserido neste capítulo, da autoria de António Vera, está publicado no volume *As pestanas de Afrodite*, Lisboa, Universitária Editora, 2001, pp. 50-51.

«Pela mão de Lídia: seis questões em psicossomática». Texto publicado na *Revista Portuguesa de Psicanálise*, n.º 25, [3-4], 2004, pp. 193-209.

«Xavier em busca do seu nome: uma perspetiva psicodinâmica psicanalítica sobre o narcisismo». Texto inédito, escrito em 2007, expressamente para o projeto de uma revista de psicoterapia psicanalítica que não chegou a existir.

«Conversa a três: homenagem a Winnicott e a quem mo apresentou». Apresentado no XV Colóquio da Sociedade Portuguesa de Psicanálise, subordinado ao tema *Entre a Fantasia e a Realidade*: *o processo criativo. A obra de Donald Winnicott*, realizado em Coimbra, nos dias 6 e 7 de dezembro de 2002. Publicado na *Revista Portuguesa de Psicanálise*, n.o 28 [1], 2008, pp. 61-72.

«Um depoimento sobre a consulta e o tratamento psicanalíticos». Depoimento publicado na revista *Visão Júnior*, n.º 46, março de 2008, p. 59.

BIBLIOGRAFIA

AA. VV. (1996): DSM-IV – *Manual de diagnóstico e estatística das perturbações mentais, da responsabilidade da American Psychiatric Association*, Lisboa, 4.ª edição, Climepsi Editores.

Abraham, J. (1996): *The language of Winnicott*, London, Karnac Books.

Alexandre, Maria Fernanda (2007): *Mudanças psíquicas no processo terapêutico – O papel do narcisismo*, Lisboa, Fenda Edições.

Alexandre, Maria Fernanda (2014): *A experiência psíquica – Ensaios sobre a construção do processo psicanalítico*, Lisboa, Fenda Edições.

Alexandre, Maria Fernanda (2015): «Uma leitura sobre o artigo de Franco Borbogno – "Achieving the elasticity of technique: Sándor Ferenczi's psychoanalytic project and journey"», in *Revista Portuguesa de Psicanálise*, n.º 35 [1], 2015, pp. 15-25.

Alexandre, Maria Fernanda (2016): «Humilhação narcísica – A sombra do sentimento de exclusão», in *Revista Portuguesa de Psicanálise*, n.º 36 [2], 2016, pp. 32-38.

Almeida, Conceição Tavares de (2015): «(Não) falo (não) consigo adolescer no processo psicanalítico», in *Revista Portuguesa de Psicanálise*, n.º 35 [2], 2015, pp. 68-76.

ALMEIDA, Conceição Tavares de (2016): «Tragédia e comédia: as faces da trama analítica a propósito do enactement – Comentário ao texto de Roosevelt Cassorla "Afinal o que é esse tal enactement?», in *Revista Portuguesa de Psicanálise*, n.º 36 [2], 2016, pp. 17-20.

AMATI, Mehler J. (2000): «Training analysis and/or training psychoanalysts», in *International Psychoanalytic Association Newsletter*, n.º 9.

ANZIEU, Annie (2003): *Le Travail Du Psychotherapeute D'Enfant*, Paris, Dunod.

ANZIEU, Annie; ANZIEU-PREMMEREUR, Christine; DAYMAS, Simone (2007): *Le Jeu En Psychothérapie De L'Enfan*t, Paris, Dunod.

ANZIEU, D. (1974): «Le Moi-Peau», in *Nouvelle Revue Psychanalityque*, n.º 9.

ARAGÃO OLIVEIRA, Rui (2005): «Sobre a hipocondria e a prática analítica», in *Revista Portuguesa de Psicanálise*, 2005, Vol. 26 (1), pp. 161-173.

ARAGÃO OLIVEIRA, Rui; Oliveira, Sandra Santos: (2012): «Sobre a investigação do processo terapêutico em psicanálise e em psicoteparia psicanalítica», in *Revista Portuguesa de Psicanálise*, n.º 32 [2], 2012, pp. 43-57.

ARAGÃO OLIVEIRA, Rui (2013): «O analista e a construção da interpretação», in *Revista Portuguesa de Psicanálise*, n.º 33 [2], 2013, pp. 51-57.

ARAGÃO OLIVEIRA, Rui (2013): «O analista e a construção da interpretação», in *Revista Portuguesa de Psicanálise*, Sociedade Portuguesa de Psicanálise, 2013, n.º 33 (2).

ARAGÃO OLIVEIRA, Rui (2015): «O lugar do Pai na clínica psicanalítica: ontem e hoje», in *Revista Portuguesa de Psicanálise*, n.º 35 [1], 2015, pp. 45-52.

AZEVEDO, Maria José Martins de (2002): «Paulinho e a sua viagem: da era dos rasgões e da tesoura à era da estrelinha», texto posfacial publicado na obra de António Coimbra de Matos, *O Desespero*, Lisboa, Climepsi Editores, 2002, pp. 463-468.

AZEVEDO, Maria José Martins de (2003): «A minha sina: tornar-me um vagabundo. Ajuda-me! (um caso de psicanálise de uma criança)», in *Revista Portuguesa de Psicanálise*, n.º 24, dezembro de 2003, pp. 119-134.

AZEVEDO, Maria José Martins de (2004): «Pela mão de Lídia: seis questões em psicossomática», in *Revista Portuguesa de Psicanálise*, n.º 25, 3-4, 2004, pp. 193-209.

AZEVEDO, Maria José Martins de (2008): «Conversa a três: homenagem a Winnicott e a quem mo apresentou», in *Revista Portuguesa de Psicanálise*, n.º 28 [1], 2008, pp. 61-72.

AZEVEDO, Maria José Martins de (2014): Um apontamento sobre a experiência de supervisão, in *Kairos*, n.º 2, novembro de 2014.

AZEVEDO, Maria José Martins de (2016): *As transgressões do amor* (romance de cariz psicanalítico que assina com o nome literário de Maria José Vera), Lisboa, Calçada das Letras.

AZEVEDO, Maria José Martins de (2017): *A Oficina do Psicanalista – Ensaios sobre a experiência psicanalítica*, prefácio de António Coimbra de Matos, Lisboa, Calçada das Letras.

AZEVEDO, Maria José Martins de (2018): *O Complexo de Lúcifer – Ensaio sobre a condição do homem contemporâneo: civilização e barbárie* (obra que também assina com o nome literário de Maria José Vera), Breve nota de leitura de José Fernando Tavares, Lisboa, Calçada das Letras.

AZEVEDO, Maria José Martins de (2020): *The Psychoanalyst's Workshop – Essays on psychoanalytic experience*, Preface by António Coimbra de Matos, translation by Inês Faria, Paris, Editions Mers du Sud.

Azevedo, Maria José Martins de (2019a): «Acerca da escrita de Freud», in *Rua Direita*, jornal on-line, 7 de julho de 2019.

Azevedo, Maria José Martins de (2019b): «O sofrimento autista: a intersubjetividade em falta», in *Rua Direita*, jornal on-line, 12 de novembro de 2019.

Azevedo, Maria José Martins de (2019c): «Sintonizar o sofrimento autista», in *Rua Direita*, jornal *on-line*, 21 de dezembro de 2019.

Azevedo, Maria José Martins de (2019d): «Psicanálise e Criação Literária», in *Revista Portuguesa de Psicanálise*, dezembro, nº39 [2], pp. 75-79.

Azevedo, Maria José Martins de (2020a): «A criação de um novo futuro na análise e na psicoterapia», in *Rua Direita*, jornal *on-line*, 21 de março de 2020.

Azevedo, Maria José Martins de (2020b): *As Transgressões do Amor*, Maria José Vera, prefácio de Julião Bernardes, posfácio de Maria Fernanda Alexandre, Curitiba, Kotter Editorial.

Azevedo, Maria José Martins de (2020c), *Atelierul Psihanalistului – Eseuri despre experiența psihanalitică*, Prefață António Coimbra de Matos, Traducere de Simion Doru Cristea și Ana Passarinho, Cluj-Napoca, Casa de Editură Dokia.

Azevedo, Maria José Martins de (2020d): *L'Atelier du Psychanalyste – Essais sur L'Expérience Psychanalytique*, Préface de António Coimbra de Matos, Traduction de Maria João Coutinho, Révision du texte par Manuel da Silva, Paris, Editions Mers du Sud.

Azevedo, Maria José Martins de (2020e): «O papel da fantasia na perceção do futuro», in *Rua Direita*, jornal on-line, 28 de novembro de 2020.

Azevedo, Maria José Martins de (2020f): «O papel da fantasia na perceção do futuro II», in *Rua Direita*, jornal *on-line*, 4 de dezembro de 2020.

AZEVEDO, Maria José Martins de (2020g): «Psicanálise virtual de crianças. Reflexões sobre o novo contexto analítico e a psicopatologia «pandémica», *Revista Portuguesa de Psicanálise*, 31 dezembro, nº40 [2], pp. 36-45.

AZEVEDO, Maria José Martins de (2020h), *Transgresiunile Iubirii*, Maria José Vera, Prefață: Julião Bernardes, Postfață: Maria Fernanda Alexandre, Tradução: Simion Doru Cristea e Ana Passarinho, Roménia, Cluj-Napoca, Casa de Editură Dokia.

AZEVEDO, Maria José Martins de (2021a) (livro de literatura infantil que assina com o nome literário de Maria José Vera), *As Aventuras da Tininha na Pandemia*, Lisboa, Calçada das Letras.

AZEVEDO, Maria José Martins de (2021b) (livro de literatura infantil que assina com o nome literário de Maria José Vera), *Aventurile Tinuței pe vremea pandemiei*, Traducere de Simion Doru Cristea și Ana Passarinho, Roménia, Cluj-Napoca, Casa de Editură Dokia.

AZEVEDO, Maria José Martins de (2021c), *L'Atelier du Psychanalyste. Essais sur L'Expérience Psychanalytique*, 2e édition revue, corrigée et augmentée, Préface de António Coimbra de Matos, Traduction de Maria João Coutinho, Révision du texte par Josiane Boudon, Angoulême, Editions Mers du Sud.

AZEVEDO, Maria José Martins de (2021d), *Complexul lui Lucifer – Eseu despre condiția omului contemporan: civilizație și barbarie*, Maria José Vera, Scurtă notă de lectură de José Fernando Tavares, Tradução: Simion Doru Cristea e Ana Passarinho, Roménia, Cluj-Napoca, Casa de Editură Dokia.

AZEVEDO, Maria José Martins de (2021e): *Învierea – Locul viitorului și funcția speranțatoare a obiectului*, tradução : Simion Doru Cristea, Ana Passarinho, Roumanie, Cluj-Napoca, Casa de Editură Dokia.

AZEVEDO, Maria José Martins de (2021f), *Ressurreição – O lugar do futuro e a função esperançadora do objeto*, Lisboa, Calçada das Letras.

BADARACCO, J. García (1996): «Identification and its vicissitudes in the psychoses: The importance of the concept of the "maddening object"», in *The International Journal of Psychoanalysis*, n.º 67, pp. 133-146.

BALINT, Michael (1993): «A área da criação», in *A falha básica, aspectos terapêuticos da regressão*, Porto Alegre, Artes Médicas, [1968].

BÉGOIN, Jean (1994): «Croissance et souffrance psychiques. La maladie du devenir humain», in *Cahier de Psychologie Clinique*, Paris.

BÉGOIN, Jean (2001): «Le complexe d' Œdipe selon S. Freud et selon M. Klein, eclaire par le devenir soi», texto inédito da conferência proferida em Lisboa, em janeiro.

BÉGOIN, Jean (2002): «Devenir une mère, devenir un père : transmettre l'éspoir», conferência proferida em Lisboa, na Faculdade de Psicologia e de Ciências da Educação da Universidade de Lisboa, a 17 maio.

BELO, Maria do Rosário (2015): *O percurso de um psicanalista – Sessões de análise revisitadas*, prefácio de António Coimbra de Matos, posfácio de Zéljko Loparic, Lisboa, Coisas de Ler.

BENJAMIN, J. (1998): *Shadow of the Other*, London, Routledge.

BICK, E. (1968): «The experience of the skin in early objects relations», in *International Journal of Psychoanalysis*, n.º 49.

BION, W. R. (1955): «Diferenciação entre a personalidade psicótica e a personalidade não-psicótica», in *Melanie Klein Hoje – Desenvolvimento da teoria e da técnica*, Capítulo 3, editado por E. B. Spilins do Instituto de Psicanálise de Londres, Rio de Janeiro, Imago.

BION, W. R. (1959): «Attacks on linking», in *International Journal of Psychoanalysis,* n.º 40.

BION, W. R. (1962): *O aprender com a experiência*, Rio de Janeiro, Imago, 1991.

BION, W. R. (1965): *As transformações*, Rio de Janeiro, Imago, 1991.

BION, W. R. (1973): *Atenção e interpretação – Uma aproximação científica à compreensão interna na psicanálise e nos grupos*, Rio de Janeiro, Imago.

BOLLAS, C. (1989): *Forces of Destiny. Psychoanalysis and human idiom*, London, Free Association Books.

BOLLAS, C. (1991): «The destiny drive», in *Forces of destiny. Psychoanalysis and human idiom*, London, Free Association Books.

BORGES DE CASTRO, M. L. (1999): «Psicoterapias», in Primeiro Congresso Nacional da Sociedade Portuguesa de Psicologia Clínica.

BOTELLA, César et Sára (2001a): «Le travail en double», in *La Figurabilité Psychique*, Paris, Delachaux et Niestlé.

BOTELLA, César et Sára (2001b): «Le négatif du trauma», in *La Figurabilité Psychique,* Paris, Delachaux et Niestlé.

BOWLBY, R. P. L., (1988): «Psychcanalysis as Art and Science», in *A secure Base*, London, Routledge [2005].

BRAZELTON, T. B.; Cramer, B. G. (1989): «As quatro fases da interacção precoce», in *A relação mais precoce*, Lisboa, Terramar.

CADY, Sylvie: (2000): «L'allergie», in *Revista Portuguesa de Psicossomática*, Vol. 2, n.º 1: 49, junho.

CASEMENTE, Patrick (2005): «The Emperor's clothes: some serious problems in psychoanalytic training», in *International Journal of Psychoanalysis*, n.º 86: 1143-60.

CASTRO, Maria Luísa Borges de (2011): «A identidade: organização/desorganização na intolerância e na submissão», in *Revista Portuguesa de Psicanálise*, n.º 31 [2], 2011, pp. 111-121.

Chasseguet-Smirgel, J. (1973): «Essai sur l'ideal du moi – Contribution à l'étude de la "maladie d'idéalité"», in *Revue Française de Psychanalyse*, n.º 37: 709-927.

Chevalier, Bianca le (2000): «Psychotherapies analytiques mère-bebé: psychotherapie du lien», conferência proferida em Lisboa a 29 de setembro.

Coderch, Joan (2001): *La relación paciente-terapeuta – El campo del psicoanálisis y la psicoterapia psicoanalítica*, Barcelona, Fundació Vidal i Barraquer Paidós.

Coelho, Rui; Martins, Amadeu (2002): *Depressão na adolescência: da investigação comunitária à clínica*, Lisboa, Bial.

Coimbra de Matos, António (1968): «Deficiência auditiva e comportamento», in *Escritos 2*, Lisboa, Bial, edição coordenada por Rui Coelho, pp. 40-43. Inserido in *O Desespero*, Lisboa, Climepsi Editores, 2002.

Coimbra de Matos, António (1979): «O pai na pré-história do indivíduo», in *Escritos 7*, Lisboa, Bial, edição coordenada por Rui Coelho. Inserido in *O Desespero*, Lisboa, Climepsi Editores, 2002.

Coimbra de Matos, António (1980): «Transferência e colaboração analítica», in *Jornal do Médico*, CIII, 1982: 19, abril. Inserido em *Psicanálise e Psicoterapia Psicanalítica*, Lisboa, Climepsi Editores, 2002.

Coimbra de Matos, António (1981): «Luto ou desidealização--desinvestimento do psicanalista», *Jornal do Médico*, CVI, 1936: 648, junho. Inserido in *Psicanálise e Psicoterapia Psicanalítica*, Lisboa, Climepsi Editores, 2002.

Coimbra de Matos, António (1982): «O trabalho de elaboração do sofrimento depressivo», in *Jornal do Médico*. Inserido in *A Depressão*, Lisboa, Climepsi Editores, 2001.

Coimbra de Matos, António (1984): «Psicopatologia dinâmica», in *A Depressão*, Lisboa, Climepsi Editores, 2001.

Coimbra de Matos, António (1987): «A Psicanálise e o medo», in *Alter/Ego*, Lisboa (4): 113-120. Inserido in *O Desespero*, Lisboa, Climepsi Editores, 2002.

Coimbra de Matos, António (1988): «Como se termina uma psicanálise», *Jornal do Médico*, XXIV, 2258: 534-536, março. Inserido em *Psicanálise e Psicoterapia Psicanalítica*, Lisboa, Climepsi Editores, 2002.

Coimbra de Matos, António (1991): «La función analizante», conferência proferida no 2.º Congresso Ibérico de Psicanálise. Publicado in *Anuário Ibérico de Psicoanálisis*, Vol. II: 97-99, Madrid, 1992. Inserido in *Psicanálise e Psicoterapia Psicanalítica*, Lisboa, Climepsi Editores, 2002.

Coimbra de Matos, António (1996): «Percursos da identidade: processos transformadores», *Revista Portuguesa de Pedopsiquiatria*, n.º 11. Inserido em *Psicanálise e Psicoterapia Psicanalítica*, Lisboa, Climepsi Editores, 2002.

Coimbra de Matos, António (1999): «Psicanálise psicossomática e imunidade», in *Mais Amor Menos Doença*, Lisboa, Climepsi Editores, 2003.

Coimbra de Matos, António (2001): *A Depressão*, Lisboa, Climepsi Editores.

Coimbra de Matos, António (2002): *O Desespero*, Lisboa, Climepsi Editores.

Coimbra de Matos, António (2002): *Psicanálise e Psicoterapia Psicanalítica*, Lisboa, Climepsi Editores.

Coimbra de Matos, António (2002): «Percursos da identidade: processos transformadores», in *Psicanálise e psicoterapia psicanalítica*, Lisboa, Climepsi Editores.

Coimbra de Matos, António (2004): *Saúde Mental*, Lisboa, Climepsi Editores.

Coimbra de Matos, António (2005): «Educar/analisar», conferência proferida no XVIII Colóquio da Sociedade Portuguesa de Psicanálise, subordinado ao tema «Psicanálise e Educação», Lisboa, 24 e 25 de junho de 2005. Publicado originalmente na *Revista Portuguesa de Psicanálise*, Vol. 27 (2) de 2007. Inserido in *Relação de Qualidade penso em ti*, Lisboa, Climepsi Editores, 2011.

Coimbra de Matos, António (2007): *Vária. Existo porque fui amado*, Lisboa, Climepsi Editores.

Coimbra de Matos, António (2016): *Nova Relação*, Lisboa, Climepsi Editores.

Cooper, Arnold (1986): «Narcisism», in *Essencial Papel on Narcissism*, Editor Andrew P. Morrison, New York University Press, pp. 127-141.

Cordeiro, J. Dias (1987): «Normalidade/psicopatologia na adolescência», in *Revista Portuguesa de Psicanálise*, n.º 5, dezembro de 1987, pp. 31-42.

Cortesão, Eduardo Luís (1990): «Narcisismo e relação de objeto. Os trabalhos de H. Kohut e a investigação das relações de objeto», in *Revista Portuguesa de Psicanálise*, n.º 8, abril de 1990, pp. 3142.

Costa, Almeida e Melo, Sampaio (1952): *Dicionário da Língua Portuguesa*, Porto, Porto Editora.

Costa, Manuela Ferraz da (2011): «Tolerância zero ou tolerância cem?», in *Revista Portuguesa de Psicanálise*, n.º 31 [2], 2011, pp. 123-131.

Cruz, Carla Marisa (2012): «O desenvolvimento da "pele psíquica" no processo analítico», in *Revista Portuguesa de Psicanálise*, n.º 32 [2], 2012, pp. 89-94.

Dejours, C. (1993): «Le corps dans l'interpertation», in *Revue Française de Psychosomatique*, n.º 3: 109.

Deutsch, Helene (1942): «Some forms of emotional disturbance», in *The Psychoanalytic Quarterly*, Vol. 10.

Denis, Paul (1993): «Calme ou volupté», in *Revue Française de Psychosomatique*, n.º 4: 69.

DIAS, Carlos Amaral (1999): *O Negativo ou o retorno a Freud*, Lisboa, Fim de Século.

DIAS, Carlos Amaral (2004): *Costurando as linhas da psicopatologia borderland (estados-limite)*, Lisboa, Climepsi Edições.

DIAS, João Pedro Dias (2010): «O silêncio do analista na voz do analisando», in *Revista Portuguesa de Psicanálise*, n.º 30 [2], 2010, pp. 17-30.

DINIZ, João Seabra (1993): *Este meu filho que eu não tive: a adoção e os seus problemas*, Porto, Edições Afrontamento.

DINIZ, João Seabra (2006): «A forma originária e os contos tradicionais», in *Sigmund Freud 150 anos depois*, Lisboa, Fenda Edições.

DINIZ, João Seabra (2013): «Uma leitura do artigo de Christophe Dejours sobre "A sublimação entre sofrimento e prazer no trabalho" Labor omnia vincit improbus (o trabalho corajoso vence tudo)», in *Revista Portuguesa de Psicanálise*, n.º 33 [2], 2013, pp. 4348.

EKSTEIN, Wallerstein R. (1972): *The teaching and learning of psychotherapy*, New York, International UP.

FAIN, Michel (1974): "Spéculations métapsychologiques hasardeuses à partir de l'étude des procédés autocalmants », in *L'enfant et son corps*, Paris, PUF.

FAIRBAIRN, W. R. (1952): *Psychoanalytical Studies of Personality*, London, Tavistock.

FARATE, Carlos (2012): *Psicanálise com limites, psicanálise ilimitada – o setting como estrutura dinâmica e instrument técnico da psicanálise*, posfácio de Celeste Malpique, Lisboa, Fenda Edições.

FERENCZI, S. (1913): «Le développement du sens de réalité et ses stades» in Œuvres Complètes de *Sandor Ferenczi – Psychanalyse II, Paris*, Payot.

FERENCZI, S. (1967): *Teoría y Técnica del Psicoanálisis*, Buenos Aires, Paidós.

Ferreira, Raquel (2003): «Do apego à mãe fantasmática à relação criativa», in *Revista Portuguesa de Psicanálise*, n.º 23, 2003, pp. 45-54.

Ferreira, Teresa (1986): «Expressão plástica e comunicação na criança», in *Revista Portuguesa de Psicanaálise*, n.º 4, dezembro de 1986, pp. 31-39.

Ferreira, Teresa (2001): «Evolução melancólica», in *Revista Portuguesa de Psicossomática*, Vol. 3.

Ferro, Antonino (1999): *The bi-personal field – Experiences in child analysis*, introduction by Elizabeth Bott Spillius, published in association with the Institute of Psycho-Analysis, London.

Ferro, Antonino (2013): *Supervision in psychoanalysis – The São Paulo seminars*, translated by Ian Harvey, published in association with the Institute of Psycho-Analysis, London.

Fialho, Orlando (2006): «Do brincar ao pensar», in *Sigmund Freud 150 anos depois*, Lisboa, Fenda Edições.

Fialho, Orlando (2015): «Psicanálise e psicoterapia psicanalítica», in *Revista Portuguesa de Psicanálise*, n.º 35 [1], 2015, pp. 37-39.

Fialho, Orlando (2013): «Alguns contributos de Thomas Ogden para a psicanálise atual», in *Revista Portuguesa de Psicanálise*, n.º 33 [1], 2013, pp. 39-51.

Fleming, J. & Benedek, T. (1964): «Supervision. A method of teaching psychoanalysis», in *Psychchoanalysis Quaterley*, Janeiro, n.º 33, pp. 71-96.

Fleming, Manuela (2003): *Dor sem nome – Pensar o sofrimento*, Porto, Edições Afrontamento.

Flores, José Pedro (1985): «Sexualidade e auto-estima na adolescência», in *Revista Portuguesa de Psicanálise*, n.º 1, fevereiro de 1985, pp. 7-10.

Flores, Teresa (2005): *Narcisismo e feminilidade – Perspetiva psicanalítica*, Lisboa, Climepsi Editores.

FREUD, Sigmund (1893-1895): *Estudos sobre a histeria*, Vol. II, Edição Standard das *Obras Psicológicas Completas de Sigmund Freud*, Rio de Janeiro, Imago, 1996.

FREUD, Sigmund (1905-1926): «Os três ensaios sobre a teoria da sexualidade», Edição Standard das *Obras Psicológicas Completas de Sigmund Freud*, Rio de Janeiro, Imago.

FREUD, Sigmund (1911): *Notas psicanalíticas sobre um relato autobiográfico de um caso de paranoia (demência paranoides)*, pp. 21-86, Vol. II, Edição Standard das *Obras Psicológicas Completas de Sigmund Freud*, Rio de Janeiro, Imago, 1996.

FREUD, Sigmund (1911 [1912]): *Pós-escrito*, pp. 87-89, Vol. XII, Edição Standard das *Obras Psicológicas Completas de Sigmund Freud*, Rio de Janeiro, Imago, 1996.

FREUD, Sigmund (1912): *A dinâmica da transferência*, Edição Standard das *Obras Psicológicas Completas de Sigmund Freud*, Rio de Janeiro, Imago, (1969).

FREUD, Sigmund (1914): *Recordar, repetir, elaborar*, Edição Standard das *Obras Psicológicas Completas de Sigmund Freud*, Rio de Janeiro, Imago, (1969).

FREUD, Sigmund (1914a): *A História do Movimento Psicanalítico*, Edição Standard das *Obras Psicológicas Completas de Sigmund Freud*, Rio de Janeiro, Imago.

FREUD, Sigmund (1914b): *Sobre o Narcisismo – Uma Introdução*, Edição Standard das *Obras Psicológicas Completas de Sigmund Freud*, Rio de Janeiro, Imago.

FREUD, Sigmund (1915): *Pulsão e destino das pulsões*, Edição Standard das *Obras Psicológicas Completas de Sigmund Freud*, Rio de Janeiro, Imago.

FREUD, Sigmund (1917 [1915]): *Luto e melancolia*, pp. 249-263, Vol. XIV, Edição Standard das *Obras Psicológicas Completas de Sigmund Freud*, Rio de Janeiro, Imago, 1996.

Freud, Sigmund (1918 [1914]): *História de uma neurose infantil*, Vol. XVII, Edição Standard das *Obras Psicológicas Completas de Sigmund Freud*, Rio de Janeiro, Imago, 1996.

Freud, Sigmund (1920): *Além do princípio do prazer*, pp. 11-76, Vol. XVIII, Edição Standard das *Obras Psicológicas Completas de Sigmund Freud, Rio de Janeiro*, Imago, 1996.

Freud, Sigmund (1923): *O Ego e o Id*, Edição Standard das *Obras Psicológicas Completas de Sigmund Freud*, Rio de Janeiro, Imago.

Freud, Sigmund: (1930 [1929]) *O mal-estar na civilização*, pp. 65-148, Vol. XIV, Edição Standard das *Obras Psicológicas Completas de Sigmund Freud*, Rio de Janeiro, Imago, 1996.

Freud, Sigmund (1938): *Construções em análise*, Edição Standard das *Obras Psicológicas Completas de Sigmund Freud*, Rio de Janeiro, Imago, (1969).

Fromm-Reichmann, F. (1954): «Psychoanalysis on Dynamic Psychotherapy – Similarities and Differences», in *Journal of the American Psychoanalisys Association*, Vol. II: 153-167.

Gibello, B. (1986): «Nas psicoses simbióticas e nos autismos secundários», in *A criança com distúrbios de inteligência*, Rio de Janeiro, Artes Médicas.

Gomes, Maria do Rosário Belo (2012): «O estrangeiro ou o seu negativo: uma reflexão inspirada em Pontalis», *Revista Portuguesa de Psicanálise*, n.º 32 [2], 2012, pp. 73-87.

Gonçalves, Maria José (1986): *Pensamento simbólico e realidade psíquica: as perturbações do pensamento na clínica psicanalítica*, Lisboa, S.P.P.

Gonçalves, Maria José (1990): «Simbolismo e relação de objeto a propósito de um caso clínico», in *Revista Portuguesa de Psicanálise*, n.º 9, novembro de 1990, pp. 81-89.

GONÇALVES, Maria José (2006): «O bebé na psicanálise. Da relação de objeto à intersubjetividade», in *Sigmund Freud 150 anos depois*, Lisboa, Fenda Edições.

GONÇALVES, Maria José (2014): «A ética e a prática da psicanálise», in *Revista Portuguesa de Psicanálise*, n.º 34 [1], 2014, pp. 34-41.

GONÇALVES, Maria José (2014): «Da incerteza à estranheza ou o estranho no divã», in *Revista Portuguesa de Psicanálise*, n.º 34 [2], 2014, pp. 47-52.

GONÇALVES, Maria José (2015): «Reflexões a partir da leitura do texto de Eric Smadja "Freud e a cultura"», in *Revista Portuguesa de Psicanálise*, n.º 35 [2], 2015, pp. 13-15.

GREEN, A. (1988): «A mãe morta», in *Narcisimo de vida, narcisimo de morte*, São Paulo, Editorial Escuta.

GREENBERG, Jay R., Mitchell, Stephen A. (2003): *Relações de objecto na teoria psicanalítica*, Lisboa, Climepsi Editores.

GRINBERG, León (2001): *Teoria da Identificação*, Lisboa, Climepsi Editores.

GÜEX, G. (1950): *La Névrose d'Abandon*, Paris, Bibliothèque de Psychanalyse et de Psychologie Clinique.

GUIGNARD, Florence (1996): *Au vif de l'infantile*, Paris, Delachaux et Niestlé.

GUIGNARD, Florence (1998): Épître à L'objet, Paris, PUF.

GUIGNARD, Florence; COURNUT-JANIN, Monique; FAURE-PRAGIER, Sylvie; SCHAEFFER, Jacqueline (1999): *Clés Pour Le Féminin; Femme Mére Amante Et Fille*, Paris, PUF.

GUIGNARD, Florence (Org., 2007): *L'Année Psychanalytique Internationale* 2009, Paris, In Press.

GUIGNARD, Florence (Org., 2008): *L'Année Psychanalytique Internationale* 2009, Paris, In Press.

GUIGNARD, Florence (Org., 2009): *L'Année Psychanalytique Internationale* 2009, Paris, In Press.

GUIGNARD, Florence (2015): *Quelle Psychanalyse pour le XXIe siècle?* Tome I. *Concepts psychanalytiques en mouvement*, Paris, Les Éditions D'Ithaque.

GUINODOZ, Jean-Michel; GUIGNARD, Florence (2004): *L'Année Psychanalytique Internationale*, Georg.

HAAG, Geneviève (2018): *Le Moi Corporel – Autisme et développement*, Paris, PUF.

HOUAISS, António (Dir., 2007): *Dicionário Houaiss da Língua Portuguesa*, Lisboa, Temas e Debates.

ITHIER, Béatrice (2006): "Destins de l'objet et de la partie dans le Moi" in *Revue Française de Psychanalyse*, 2006/5 (Vol.70).

ITHIER, Béatrice (2012): "La capacité d'être triste ou la position dépressive dans le développement émotionnel humain" in *La dépression*, Paris, PUF.

ITHIER, Béatrice (2014): "La haine de penser et ses antidotes: rêve et rêverie" in *Revue Française de Psychanalyse*, 2014/3 (Vol.78).

ITHIER, Béatrice (2015): "Vous avez dit archaïque" in *Revue Française de Psychanalyse*, 2015/5 (Vol.79).

ITHIER, Béatrice (2017): "Destins de l'interprétation du rêve" in *Revue Française de Psychanalyse*, 2017/5 (Vol.81).

JACOBS, T.: (1986): «On countertransference enactements», in JAPA *Journal of the American Psychoanalytic Association*, 34: 289-307.

JOSEPH, B. (2003): «Ethics and enactment», in *Psychanalyse en Europe*, 57: 147-153.

KERNBERG, Otto F. (1984): *Severe Personality Disorders: Psychotherapeutic Strategies*, Yale University Press.

KERNBERG, Otto F. (1989): *Mundo Interno e Realidade Exterior*, Rio de Janeiro, Imago.

KERNBERG, Otto F. (2000): «A concerned critique of psychoanalytic education», in *The International Journal of Psychoanalysis*, 81: 97-120.

Kernberg, Otto F. (2010): «Some observations on the process of mourning» *The International Journal of Psychoanalysis*, Vol. 91, Issue 3: 601–619, June.

Klein, M. (1930): «A importância da formação dos símbolos no desenvolvimento do ego», in *Essais de Psychanalyse (1921-45)*, Paris, Payot.

Klein, M. (1934): *Contributions à l'étude de la psychogenèse des états maniaco-dépressifs*, Paris, Payot, 1967.

Klein, M. (1946): «Notas sobre alguns mecanismos esquizóides», in *Inveja e gratidão e outros trabalhos 1946-1963*, Rio de Janeiro, Imago [1985].

Kohut, Heinz (1971): *Análise do Self*, Rio de Janeiro, Imago.

Kohut, Heinz (1984): «Formas e transformações do narcisismo», in *Self e Narcisismo*, Rio de Janeiro, Zahar Editores (selecção de textos de The Serch for the Self, selected writings of Heinz Kohut,1950-1978).

Kraepelin, Emil (2000): Leçons Cliniques Sur La Demence Precoce Et La Psychose Maniaco-Depressive, Paris, L'Harmattan.

Lacan, Jacques [1995 (1959)]: *O seminário, Livro 3: as psicoses*, Rio de Janeiro, Jorge Zahar Editor.

Lacan, Jacques (1949): «Le stade du miroir comme formateur de la fonction de "Je"», in *Revue Française de Psychanalyse*, Oct-Déc.

Langs, Robert (1974): *The Tecnhnique of Psychoanalytic Psychotherapy*, Vol. 2, New York, Jason Aronson.

Laplanche, Jean: (1999): *Essays on Otherness*, London, Routledge.

Lechevalier, Bianca (2000): «Psychotherapies analytiques mère-bebé: psychotherapie du lien», Conferência proferida em Lisboa em 29 de setembro.

Lechevalier, Bianca (2016): *Le Souffle de L'Existence. Le travail d'une psychanalyste avec l'enfant et l'adolescent*, préface de Marie Rhode, Paris, Editions In Press.

LIMA, Maria do Carmo Sousa (2017): *Em que sítio da minha cabeça levo a Maria do Carmo? – Da génese e destino da identificação projectiva*, Lisboa, Freud & Companhia.
LITO, Ana Marques (2007): «Da "cura" terapêutica à função analisante no processo de construção da identidade analítica», in *Revista Portuguesa de Psicanálise*, Vol. 27, [1], 2007, pp. 117-131.
LITO, Ana Marques (2010): «O enigma da interpretação: construções e (re)construções de realidades no processo analítico», in *Revista Portuguesa de Psicanálise*, n.º 30 [2], 2010, pp. 73-87.
LITO, Ana Marques (2015): «A viabilidade das famílias de vidro – Para a psicanálise de casal e das famílias», in *Revista Portuguesa de Psicanálise*, n.º 35 [1], 2015, pp. 26-36.
LUZES, Pedro (1982): *Contradições do narcisismo*, Lisboa, Edição do Autor.
LUZES, Pedro (2002): *Cem anos de psicanálise*, Lisboa, ISPA, 2.ª edição [1997].
LUZES, Pedro (2004): *Do pensamento à emoção – Perspetivas psicanalíticas*, Lisboa, Fenda Edições.
LUZES, Pedro (2011): *Ensaio sobre as perturbações do pensamento em clínica psicanalítica* [«Les troubles de la pensée en clinique psychanalytique», in *Revue Française de Psychanalyse*, Vol. 33 (5-6), 1969, Paris], tradução de T. M. Estrela e José Ferreira da Cruz, posfácio de Maria José Gonçalves, edição de Vasco Tavares Santos, Lisboa, Fenda Edições.
MATOS, Manuel (1999): «Hipocondria: a intuição necessária», in *Revista Portuguesa de Psicossomática*, Vol. 1, n.º 1: 79-88, jan-junho.
MAHLER, M. (1979): *As Psicoses Infantis e Outros Estudos*, Rio de Janeiro, Artes Médicas.
MALPIQUE, Celeste (2003): *O fantástico mundo de Alice – Estudos sobre a puberdade feminina*, Lisboa, Climepsi Editores.

MALPIQUE, Celeste (2003): *Psicanálise e mudança psíquica – Cartografias para uma viagem*, Porto, Edições Afrontamento.

MALPIQUE, Celeste (2015): «Os sonhos de Fernando Lanhas», in *Revista Portuguesa de Psicanálise*, n.º 35 [1], 2015, pp. 17-25.

MARTINS, Henriqueta (2013): «Sobre o pai e o tornar-se pai: contributos da psicanálise – Novas perspetivas», in *Revista Portuguesa de Psicanálise*, n.º 33 [2], 2013, pp. 59-79.

MARTY, Pierre (1952): «La psychosomatique en… 1952. Les difficultés narcissiques de l'observateur devant le problème psychosomatique», in *Revue Française de Psychanalyse*, n.º 3, Paris, PUF.

MARTY, Pierre (1991): «Genèse des maladies graves et critères de gravité en psychosomatique», in *Revue Française de Psychosomatique*, 1:5-21.

MACDOUGALL, Joyce (1992): «Corps et langage. Du langage du soma aux paroles de l'esprit», in *Revue Française de Psychosomatique*, 2: 69.

MELÍCIAS, Ana Belchior (2015): «Into the wild: o labirinto da adolescência», in *Revista Portuguesa de Psicanálise*, n.º 35 [2], 2015, pp. 60-67.

MELÍCIAS, Ana Belchior (2015): «Entrevista a Antonino Ferro», in *Revista Portuguesa de Psicanálise*, n.º 35 [2], 2015, pp. 113-121.

MELTZER, D. (1988): «The role of the father in early development», in *The apprehension of beauty – The role of aesthetic conflict in development, violence and art*, Clunie Press.

MELTZER, Donald (1994): *Sincerity and Other Works*, London, Karnac Books.

MILHEIRO, Jaime (2001): *Sexualidade e psicossomática*, prefácio de Eurico Figueiredo, apresentação de «Sexualidade» por Júlio Machado Vaz, apresentação da «Psicossomática» por Rui Mota Cardoso, Coimbra, Almedina.

MILHEIRO, Jaime (2001): *Orofobias... Marias... e outros mistérios – Temas de psicanálise*, Coimbra, Almedina.

M'UZAN, Michel de (1994): *La bouche de l'inconscient*, Paris, Gallimard.

NETO, Domingos (1989): «Ulisses, a neurose do destino e o mito do herói», in *Revista Portuguesa de Psicanálise*, n.º 7, 1989, pp. 73-82.

NIEDERLAND, W. (1951): «Three notes on the Schreber case», in *Psychoanalytic Quarterly*, XX, pp. 579-9.

NIEDERLAND, W: (1960): «Schreber's Father», in *Journal of the American Psychoanalytic Association*, III: 492-9.

OGDEN, Thomas H. (1991): «Un Analisis de la Matriz de Transferência», in *Libro Anual de Psicoanalisis*, pp. 45-57.

OGDEN, Thomas H. (1992): «El sujeto winnicotiano. El sujeto dialécticamente constituido/descentrado del psicoanálisis», in *Libro Anual de Psioanálisis*, S. Paulo, Ed. Escuta.

OGDEN, Thomas H. (1995): «Analisando formas de vitalidade e desvitalização da transferência-contratransferência», in *The International Journal of Psycho-Analysis*, 76, 4. Rep. in Livro Anual de Psicanálise, tomo XI.

OGDEN, Thomas H. (2005): «On Psychoanalytic supervision», in *The International Journal of Psycho-Analysis*, 2005; 86: 1265-80.

OGDEN, Thomas H. (2007): «Reading Harold Searles», in *The International Journal of Psycho-Analysis*, Vol. 88, Issue: Pt 2, pp. 353-369.

PARAT, Catherine: 1991: «A propos de la répression», in *Revue Française de Psychosomatique*, 1, 1991.

PASSONNE, Sesto Marcello; ANZIEU, Annie (2010): *Des Images Pour La Pensée*, Paris, In Press.

PASSONNE, Sesto Marcello; GUIGNARD, Florence (Dir., 2014): *Psychanalyse de l'enfant et de l'adolescent. États des lieux et perspectives*, Paris, In Press.

PASSONNE, Sesto Marcello; GUIGNARD, Florence (Dir., 2014): *Psychologie clinique du handicap: 13 études de cas*, Paris, In Press.

PEREIRA, Isabel Margarida (2006): «Do desamparo inicial à raiva narcísica, transformações», in *Sigmund Freud 150 anos depois*, Lisboa, Fenda Edições.

PEREIRA, Isabel Margarida (2007): *Psicanálise de uma criança – uma visão clínica de um caso de autismo secundário*, tese policopiada orientada por Carlos Amaral Dias, Coimbra, [s.n.].

PEREIRA, Isabel Margarida (2014): «Trauma, memória e narrabilidade. Uma breve incursão na "literatura de testemunho" e na clínica psicanalítica», in *Revista Portuguesa de Psicanálise*, n.º 34 [2], 2014, pp. 35-46.

PÉREZ-SANCHEZ, Manuel (1983): «Obsevacion de bebés. Relationes emocionales en el primer año de vida», in *Paidós Educador*.

PÉREZ-SANCHEZ, Antonio (2013): «Especificid del método en psicoanálisis y psicoterapia», in *Revista Portuguesa de Psicanálise*, n.º 33 [1], pp. 9-31.

RAUBOLT, Richard (2014): *Cenários psicanalíticos do trauma*, Lisboa Ed. Coisas de Ler.

RODRIGUEZ DE LA SIERRA, Luis (2004): *Child analysis today*, Karnac Books.

RODRIGUEZ DE LA SIERRA, Luis (2013): *The late teenage years: from seventeen to adulthood*, Karnac Books.

RODRIGUEZ DE LA SIERRA, Luis (2012): «Countertransference: our difficulties in the treatment of substances abuse», in *Romanian Journal of Psychoanalysis / Revue Roumain de Psychanalyse*, Jul-Dec. 2012, Vol. 5, Issue 2, pp. 76-92. 17p.

RODRIGUEZ DE LA SIERRA, Luis (1996): «Est-il vrai que les enfants racontent rarement leurs rêves?», in *Bulletin de la Fédération Européenne de Psychanalyse*, n.º 46, Jan., 1996, pps. 68-82.

ROSENFELDT, H. (1964): «On the psychopathology of Narcissism», in *Psychotic States*, London, Hoghart Press (1965).

ROSENFELDT, H. (1987): *Impasse and Interpretation*, London, Tavistock Publications.

SALGUEIRO, Emílio-Eduardo (2005): «The construction of the primary symbolic capacity in a twenty-two months old boy with language delay – from topological to euclidian space», in *Revista Portuguesa de Psicanálise*, Vol. 26 [1], 2005, pp. 33-52.

SALGUEIRO, Emílio-Eduardo (2006): «Freud, Mahler e a música», in *Sigmund Freud 150 anos depois*, Lisboa, Fenda Edições.

SAMI-ALI (1992): «Rêve et fonctionnement onirique», in *Rêve et Psycossomatique*, Paris, Centre International de Psychosomatique.

SANTOS, Vasco (2016): «Uma conversa breve com Pedro Luzes», in *Revista Portuguesa de Psicanálise*, n.º 36, 2016 [1], pp. 93-95.

SEARLES, H. F. (1960): *The Nonhuman Environment in Normal Development and Schizophrenia*, New York, International University Press.

SEARLES, H. F. (1965a): *Collected Papers on Schizophrenia and Related Subjects*, London, Hogarth Press.

Searles, H. F. (1965b): *L'effort pour render l'autre fou*, Paris, Gallimard.

SEARLES, H. F. (1982): «La simbiosis terapéutica», in *Revista de Psicoanálisis, Psiquiatria y Psicologia*, n.º 17-18, 52-68, Enero-Agosto. Rep. in Robert Langs (Ed., 1990): «Concerning therapeutic symbiosis», in *Classics in Psychoanalytic Technique*, New York, Jason Aronson, 2004.

SEGAL, Hanna (1950): «Some aspects of the analysis of schizophrenia», in *International Journal of Psycho-Analysis*, n.º31.

Segal, Hanna (1957): «Notes on symbol formation», in *International Journal of Psycho-Analysis*, n.º 38.

Sequeira, Fátima (1989): «Uma leitura de Dream-Life de Donald Metzer», in *Revista Portuguesa de Psicanálise*, n.º 7, 1989, pp. 83-95.

Sequeira, Fátima (1993): «A sexualidade na clínica psicanalítica», in *Revista Portuguesa de Psicanálise*, n.º 12, Vol. VI, 2, 1993, pp. 79-90.

Sequeira, Fátima (2007): «Tempo e sentido de identidade – como ligar descontinuidades?», in *Revista Portuguesa de Psicanálise*, Vol. 27 [1], 2007, pp. 73-92.

Sousa, João Lúcio França de (2006): «Psiquiatria e psicanálise. O percurso de um psiquiatra-psicanalista num hospital geral», in *Sigmund Freud 150 anos depois*, Lisboa, Fenda Edições.

Torres, Anália; Lito, Ana Marques (2008): *Consumos de drogas – dor, prazer e dependências*, Lisboa, Fim de Século.

Tustin, F. (1977): *Autisme et psychose de l'enfant*, Paris, Éditions du Seuil [1972].

Tustin, F. (1990): *Barreiras autistas em pacientes neuróticos*, São Paulo, Artes Médicas.

Torres de Beà, E. (1986): «Sobre identificació projectiva: apunt per a un treball», trabalho apresentado no Instituto de Psicanálise de Barcelona, referenciado in *La relación paciente-terapeuta. El campo del psicoanálisis y la psicoterapia psicoanalítica*, apud CODERCH, Joan, (2001), Barcelona, Ediciones Paidós.

Ungar, Virginia (2016): «El oficio de analista y su caja de herramientas: la interpretation revisitada», in *Revista Portuguesa de Psicanálise,* n.º 36 [1], 2016, pp. 8-18.

Vale, Ana Teresa (2015): «Continuidade e descontinuidade na psicanálise – desafios contemporâneos», in *Revista Portuguesa de Psicanálise*, n.º 35 [1], 2015, pp. 40-44.

VERA, António (1998): *cursivo menor*, Lisboa, Edições Colibri.

VERA, António (2001): *As Pestanas de Afrodite*, Lisboa, Universitária Editora.

VICENTE, Maria Luísa Branco (1997): «Ansiedade e mudança numa psicanálise de criança», in *Revista Portuguesa de Psicanálise*, 1997, Vol. 16, setembro de 1997, pp. 107-137.

VICENTE, Maria Luísa Branco (1999): *A depressão na criança*, Lisboa, [s.n.].

VICENTE, Maria Luísa Branco (2004): «Produção criativa ou linguagem do imaginário – Uma aproximação freudiana a Leonardo da Vinci», in *Revista Portuguesa de Psicanálise*, 2004, Vol. 25, pp. 175-192.

VICENTE, Maria Luísa Branco (et alli, 2005): *Saúde e violência contra as mulheres*, Lisboa, Direção-Geral da Saúde.

VICENTE, Maria Luísa Branco (2005): «Psicodrama: transferência e contratransferência», in *Análise psicológica* (2005), 2 (XXIII): 7983.

VIDIGAL, Maria José (1992): «O silêncio na teoria e na prática psicanalítica (reflexões sobre aspetos teóricos e práticos), in *Revista Portuguesa de Psicanálise*, n.os 10/11, abril de 1992, pp. 109-143.

VIDIGAL, Maria José; Guapo, Maria Teresa (2003): *Eu sinto um tormento com a ideia do fim definitivo – uma viagem ao mundo do autismo e das psicoses precoces*, Lisboa, Trilhos Editora.

VIDIGAL, Maria José (2006): *Pensar a esquizofrenia na criança*, Lisboa, Trilho.

WALLERSTEIN, Robert S. (1969): «Introduction to Panel on Psychoanalysis and Psychotherapy», in *International Journal of Psychoanalysis*, n.º 50.

WINNICOTT, D. W. (1954): «Mind and its relations to the psyche-soma», in *British Journal of Medical Psychology*, n.º 27.

WINNICOTT, D. W. (1954): «The Depressive position in normal emotion development», in *British Journal of Medical Psychology*, n.º 28.

WINNICOTT, D. W. (1956): «Primary Maternal Preoccupation», in *Collected Papers: Through Pediatrics to Psychoanalysis*, London, Tavistock.

WINNICOTT, D. W. (1957a): «Some psychological aspects of juvenile delinquency», in *The Child and the Outside World*, London, Tavistock.

WINNICOTT, D. W. (1957b): «The antisocial tendency», in *Collected papers: Through Paediatrics to Psycho-Analysis*, London, Tavistock.

WINNICOTT, D. W. (1958): *De la pédiatrie à la psychanalyse*, Paris, Payot, 1980.

WINNICOTT, D. W. (1960a): «The Theory of the Parent-Infant Relationship», in *The International Journal of Psychoanalysis*, n.º 41.

WINNICOTT, D. W. (1960b): «Distorsions du moi en fonction du vrai et du faux self», in *Processus de maturation chez l'enfant*, Paris, Payot.

WINNICOTT, D. W. (1960c): «La théorie de la relation parent-nourisson», in *De la Pédiatrie a la Psychanalyse*, Paris, Payot, 1969.

WINNICOTT, D. W. (1962): «L'intégration du moi au cours du développement de l'enfant», in *Processus de Maturation Chez l'Enfant*, Paris, Payot.

WINNICOTT, D. W. (1963a): «Moral et éducation», in *Processus de Maturation Chez l'Enfant*, Paris, Payot.

WINNICOTT, D. W. (1963b): «De la communication et la non-communication», in *Processus de Maturation Chez l'Enfant*, Paris, Payot.

Winnicott, D. W. (1963c): «L'état de dépendance dans le cadre des soins maternels et infantiles et dans la situation analytique», in *Processus de Maturation Chez l'Enfant*, Paris, Payot.

Winnicott, D. W. (1963d): «Le passage de l'indépendance à l'indépendance dans le développement de l'individu», in *Processus de Maturation Chez l'Enfant*, Paris, Payot.

Winnicott, D. W. (1965): *Processus de Maturation Chez l'Enfant*, Paris, Payot, 1978.

Winnicott, D. W. (1969a): *De la Pédiatrie à la Psychanalyse*, Payot, Paris.

Winnicott, D. W. (1969b): «La théorie de la relation parent-nourissons», in *De la Pédiatrie à la Psychanalyse*, Paris, Payot, 1960.

Winnicott, D. W. (1969c): «Les aspects métapsychologiques et cliniques de la régression au sein de la situation analytique», in *De la Pédiatrie à la Psychanalyse*, Paris, Payot.

Winnicott, D. W. (1971): *Playing and Reality*, London, Penguin Books.

Winnicott, D. W. (1971a): «Dreaming, Fantasying and Living: a case-history describing a primary dissociation», in *Playing and Reality*, London, Penguin Books.

Winnicott, D. W. (1974a): «Contemporary concepts of adolescence development and their implications for higher education», in *Playing and Reality*, London, Penguin Books, 1968.

Winnicott, D. W. (1974b): «Creativity and its origins», in *Playing and Reality*, London, Penguin Books.

Winnicott, D. W. (1974c): «The use of an object and relating through identifications», in *Playing and Reality*, London, Penguin Books, 1968.

WINNICOTT, D. W. (1979): *The Maturational Process and Facilitating Environment*, London.

WINNICOTT, D. W. (1986): «Concept of false self», in *Home is Were We Start From*, Ed. C. Winnicott, R. Shepherd, & M. Davis, London, Penguin Books.

WINNICOTT, D. W. (1989a): «Clinical regression compared with defense organization», in *Psycho-Analytic Explorations*, Harvard University Press.

WINNICOTT, D. W. (1989b): «New light on children's thinking», in *Psychoanalytic Explorations*, Harvard University Press

WINNICOTT, D. W. (1986): «Concept of false self», in *Home is Were We Start From*, Ed. C. Winnicott, R. Shepherd, & M. Davis, London, Penguin Books.

WINNICOTT, D. W. (1989a): «Clinical regression compared with defence organisation», in *Psycho-Analytic Explorations*, Harvard University Press.

WINNICOTT, D. W. (1989b): «New light on children's thinking», in *Psychoanalytic Explorations*, Harvard University Press.

POSFÁCIOS

A OFICINA DO PSICANALISTA – Ensaios sobre a experiência psicanalítica*

Jorge Câmara**

Não é muito abundante entre nós a publicação de estudos originais sobre a experiência da psicanálise por parte de autores de língua portuguesa. Este livro de Maria José Martins de Azevedo possui a particularidade de não seguir apenas uma vertente isolada da teoria psicanalítica, mas sobretudo a de relacionar diferentes perspetivas, desde as «clássicas» às mais recentes, de modo a conjugá-las e a abrir novos caminhos no universo da psicanálise, o qual, e conforme o leitor pode observar através dos oito ensaios aqui reunidos, compreende uma linha ascensional que vai da tradição inaugurada por Freud e reinventada por Melanie Klein, passando pela psicanálise relacional, cujas bases pioneiras compreendem os trabalhos de Sandór Ferenczi e da própria Klein, linha baseada na relação de objeto por ela inaugurada, bem como em Wilfred R. Bion e ainda em contemporâneos como

* Jorge Câmara, «Recensão a *A oficina do psicanalista – Ensaios sobre a experiência psicanalítica*», in *Revista Portuguesa de Psicanálise*, nº 38 [2], 2018, pp. 84-85.

** Psiquiatra, psicoterapeuta e psicanalista, formador na Sociedade Portuguesa de Psicanálise, membro da IPA (*International Psychoanalytical Association*), da FEP (*Fédération Européenne de Psychanalyse*) e da SEPEA (*Société Européenne pour la Psychanalyse de l'Enfant et de l'Adolescent*).

Joan Coderch, Jay R. Greenberg e Stephen A. Mitchell. Para além de apoiar-se na metapsicologia freudiana, a autora desenvolve o pensamento psicanalítico recorrendo a diferentes autores, destacando-se alguns psicanalistas que marcaram a abordagem intersubjetiva e relacional, entre os quais são referidos os nomes de Heinz Kohut, Donald Winnicott, Thomas Ogden e Otto Kernberg.

Ao entrar na sua «oficina» de psicanálise é com entusiasmo que partilho com o leitor a delicada arte da filigrana onde se encontram artesãos e aprendizes num trabalho pessoal e sensível. É um trabalho criador de peças únicas e, tal como numa oficina, trata-se de um trabalho pessoal e íntimo onde se forjam peças irrepetíveis. A palavra «oficina» conduziu-me às memórias da minha infância. Nessa época a palavra tinha outro significado: o de «tenda». Foi assim na minha Madeira (na Camacha), onde «armar uma tenda de conversa» significava que as pessoas começavam a falar sobre um determinado tema, enquanto outras, embora presentes, ficavam fora da conversa. Na minha freguesia havia várias tendas onde os artesãos fabricavam obras em vime. Era aí que surgiam sempre conversas: contavam-se histórias dos vizinhos e dos casais que haviam emigrado, bem como dos últimos escândalos. Eram tecidas formas interessantes de convívio, enquanto se tiravam liaças, se punham os vimes de molho ou se faziam os cestos.

É na tenda, esse local mágico de conversa, que Maria José Martins de Azevedo nos convida a entrar, o local onde a autora afirma que «para aprender o aprendido não vale a pena o esforço» e que haverá sempre o momento da libertação, no qual Coimbra de Matos lhe dizia: «Agora vá sozinha, seja você própria e autêntica». Nesta oficina não se trata de aprender o que já é conhecido, mas sim o de inscrever o que há de vir através da nova relação sanígena, ou seja, através da retoma da relação que havia ficado suspensa no tempo e no espaço.

Coimbra de Matos, autor e mestre aqui inúmeras vezes referido pela autora, é o seu criador de *holding* e *handling* psicanalíticos, um aparelho de viver as emoções que permite gerar novos pensamentos.

Nesta obra, se tivesse que seleccionar as palavras que mais me tocaram, escolheria, entre muitas, as de *trauma*, de *criatividade*, de *responsabilidade* e de *sonho*, pois como nos diz o poeta norte-americano Delmore Schwartz (1913-1966) é «nos sonhos que começam as responsabilidades», sobretudo quando os sonhos são sonhos-projetos, segundo Coimbra de Matos.

Não é um trabalho onde o conhecimento se repete. É um livro que interroga o leitor sobre o que é ser psicoterapeuta e psicanalista na sociedade atual e que não esquece o seu percurso de supervisanda a supervisora, atividade fundamental que parte da prática clínica para a transmissão do saber. O princípio da responsabilidade terapêutica é aqui tratado através da narrativa do tratamento de uma adulta e também da narrativa pormenorizada do tratamento do caso de uma criança autista. Outro caso relatado neste livro remete o leitor para as noções de «perda» e de consequente «transformação» através da descrição da evolução psicodinâmica de um adolescente tratado num *setting* psicanalítico. Outra questão fundamental dos desafios que a autora nos coloca é o tratamento de patologias psicossomáticas através da descrição do caso de uma mulher asmática. Neste ensaio, a autora remete-nos para a obra de Freud, mas também para a escola psicossomática francesa, da qual fazem parte nomes de referência como os de Pierre Marty, Christophe Dejours, Joyce McDougall, Paul Denis, Catherine Parat e Michel Fan. No domínio das patologias, a autora dedica também um capítulo às questões referentes à problemática do narcisismo. Ilustra a sua reflexão com o caso de um paciente com patologia narcísica, considerando os aspetos da dinâmica psíquica desta patologia, partindo de Freud, passando por Klein e Fairbairn, Kohut, Kernberg e Arnold Cooper.

O último capítulo deste livro compreende uma entrevista imaginária a Donald Winnicott a partir dos textos do autor. Neste capítulo são abordados alguns conceitos fundamentais da obra de Winnicott a partir dessa entrevista imaginária, fundamentada com o caso de uma paciente adulta com um falso *self* num quadro de uma depressão grave. A autora conduz a entrevista num espaço imaginado, o qual apelida expressivamente de ***hologramoteca***, um lugar utópico onde é possível dialogar com os grandes teóricos da psicanálise.

Este livro termina com um apêndice documental que não deixa de ser curioso, dado tratar-se do depoimento de uma criança concedido a uma revista para jovens. Nesse depoimento, a criança fala abertamente sobre a relação psicanalítica que manteve com a autora.

Maria José Martins de Azevedo não receia novos pensamentos, pois coloca em causa o poder da tradição. Este aspeto permite-me invocar e trazer para a leitura da sua «oficina» outros pensadores não psicanalistas. Pensei, por exemplo, em Giordano Bruno, ex-monge dominicano, filósofo e astrónomo, julgado na fogueira como herege no já longínquo fevereiro de 1600. Qual o seu crime, pode o leitor interrogar-se: simplesmente o de questionar os dogmas que eram fruto das superstições que negavam o método científico da observação. Qual o seu mal? O de pôr em cheque o poder mantido pela força do medo e da superstição, afirmando (entre outras ideias) que o universo era infinito. Jean Laplanche lembra-nos muito bem esse poder das trevas ao afirmar que «quando alguém é parte do movimento, e participou na glória da "causa", ele ou ela podem apoiar tantas diferenças teóricas quantas gostem. Mas, uma vez que não faças parte do movimento, serás excluído, não interessando mesmo que repitas as teses antes admiradas».

Posso afirmar que Maria José Martins de Azevedo não recua na procura da verdade no seu trabalho clínico, questionando-nos acerca da verdade do espírito humano, e não apenas a verdade psicanalítica radicalizada pelos poderes dos pensadores.

Tal como Giordano Bruno, Maria José Martins de Azevedo faz sentir ao leitor que a ignorância e a arrogância são duas irmãs inseparáveis com um só corpo e uma só alma, e que pensar de modo diferente constrói o poder de sermos nós próprios, não recuando, assim, perante a verdade de ser ela própria.

A propósito desta questão, registo uma frase de Almada Negreiros na qual o artista afirma que «a universalidade humana e a vida coletiva dependem do reconhecimento do particular de cada um». No livro da Maria José, na sua «oficina», não se branqueia o passado das teorias ou a importância da pré-história de todos nós, mas antes a autora manifesta a capacidade de observar aquilo que é antigo com um olhar livre de preconceitos, criando novos vínculos: o do amor, por exemplo. Este sentimento tão poderoso na história da humanidade é o vínculo de todos os vínculos, sobretudo se considerarmos a riqueza, quer da sua particularidade quer da sua universalidade.

A autora mostra-nos, neste livro, o amor terapêutico, o seu amor enquanto pessoa e terapeuta, arriscando e criando a subversão necessária para que a nova relação se instale na vida psíquica da dupla paciente e terapeuta.

E, para terminar a observação do trabalho psicanalítico que a autora nos apresenta e que executa na sua «oficina», posso dizer que é um trabalho de peças únicas e autênticas, fruto do encontro entre duas mentes, nessa tenda da minha memória onde se armam conversas e de onde saem novos criadores. E é a partir desta imagem que julgo legítimo afirmar que este livro esclarece o leitor acerca do que é ser psicoterapeuta e psicanalista no mundo contemporâneo.

UM LIVRO DIFERENTE: *A OFICINA DO PSICANALISTA – Ensaios sobre a experiência psicanalítica*, de Maria José Martins de Azevedo, psicanalista e escritora*

Jorge Gravanita**

Teve lugar no passado dia 10 de Junho, na Feira do Livro de Lisboa, o singular lançamento deste livro que agora nos chega em edição da Calçada das Letras, com apresentação de António Coimbra de Matos, Jorge Câmara e de mim próprio.

Estivemos perante um caso simultâneamente de regra e de exceção: se é regra o lançamento de livros em feiras congéneres, estamos aqui num caso em que nos perguntamos: porque é este livro diferente?

A autora, pela paixão da sua escrita, que, com o seu nome literário de Maria José Vera, nos tinha levado, anteriormente, à sua obra ficcional *As transgressões do amor* (2016), transportando o nome poético do Pai, revela-se, aqui e agora, neste novo livro, enquanto Psicanalista, sua área profissional, onde é o seu amor à verdade que observamos, livro escrito com o seu nome próprio.

Tal como também se verifica num conto de Jorge Luis Borges, quem escreve é simultaneamente o narrador e o autor

* Gravanita, Jorge (2017): «Um livro diferente», in *As Artes Entre as Letras*, Porto, nº198/199, 12 julho 2017, p.11, [recensão a Azevedo, Maria José Martins de Azevedo (2017): *A oficina do psicanalista – Ensaios sobre a experiência psicanalítica*, Lisboa, Calçada das Letras].

** Psicanalista e poeta.

propriamente dito, pois o que aí está escrito é feito pelo que escreve. O discurso do analista que aqui se enuncia não se ensina, não se aprende, pratica-se.

Essa prática que da clínica emana, estende-se à escrita e toca o leitor, de forma que este, por vezes, se surpreende e se ignora. Não existe um saber prévio que seja suficiente para nos defender dessa exposição e dessa contaminação, as quais, de acordo com Freud, assustam e perturbam, tal como a peste.

A psicanálise é evocada aqui através de uma escrita que se encontra à disposição do leitor. Este, aparentemente distraído, dá-se a ler, e esta obra é, ao mesmo tempo, de leitura fácil e complexa.

Porque a paixão da escrita quase mascara a tarefa titânica de dar conta do dia a dia de uma profissão que Freud dizia ser impossível: a do Psicanalista.

As dimensões do imaginário, do real e do simbólico, mesmo que não sejam evocadas em simultâneo, não deixam de estar aqui presentes.

O livro inicia-se estranhamente com o testemunho da passagem de supervisanda a supervisora, capítulo que nos indicia a ideia de que, para a autora, a psicanálise pressupõe, de algum modo, um descentramento do sujeito para o lugar onde um outro pode incidir o seu olhar.

Essa é uma primeira operação significativa a que a leitura nos conduz. A experiência da supervisanda aparece num segundo momento em nos surge a evocação do seu percurso profissional. Esses dois momentos, que constituem um antes e um depois, evocam a música e a dança enquanto espaços criativos.

A busca da verdade do sujeito e do seu desamparo está presente, quer nos relatos clínicos aqui expostos quer na abordagem teórica que não cessa de evidenciar as suas referências, marcos de orientação não obscurecidos mas corajosamente assumidos. Os seus mestres são evocados, não esquecidos. Referimo-nos, nomeadamente, a António Coimbra de Matos enquanto seu professor e seu supervisor.

Em seguida somos levados a fazer a passagem da criatividade à responsabilidade terapêutica, da ética enquanto fundamento da clínica, através da apresentação de um caso de autismo secundário.

A criatividade e a emergência do sujeito são nesta obra a porta de entrada para os «jardins que se bifurcam», através de aproximações e de afastamentos da autora face às suas filiações e afinidades. É um exercício destemido que permite a partilha de um trabalho de elaboração e simultaneamente de desvendamento dos processos de pensamento, bem como dos afetos que percorrem a prática e o exercício de reconstrução que a escrita permite.

Este livro consagra a autora enquanto psicanalista que faz o exercicio da escrita como prática de reflexão e de transmissão da Psicanálise. A autora traz-nos agora na sua escrita a abertura ao leitor da oficina do psicanalista, o tal lugar mítico onde a escuta opera, nesse tempo lógico e criativo que permite a fala.

As noções de «Perda» e de «Transformação» representam operações simbólicas a que somos conduzidos através do labirinto do processo criativo inconsciente.

O sujeito da psicanálise surge em virtude do modo como se permite a descoberta dos instrumentos de linguagem e o seu uso criativo na oficina. O paciente deixa de estar fixado numa imagem e pode operar a transformação de si próprio, do seu eu, no sujeito do inconsciente.

A partir de um relato de uma paciente, a que chamou poeticamente Lídia, numa evocação pessoana, o percurso do texto leva-nos a uma outra etapa, primordial ou «essencial» da psicanálise – a da psicossomática – etapa onde coloca seis questões fundamentais em Psicanálise: cada uma dessas questões implica que possamos ultrapassar a dicotomia diádica e encontrar uma abertura para outra dimensão, tal como acontece em *Alice no País das Maravilhas*.

Assim somos conduzidos a nos perguntar: psicossomática: significante e/ou significado?; o trauma: o que falhou na relação precoce e no pré-consciente?; O sentido do sintoma ou um sintoma sem sentido? Um luto falhado na relação precoce: uma falha no simbólico? Há evolução em análise? Do ego à descoberta do sujeito do inconsciente?

Conduz-nos a autora corajosamente através da equação (essencialmente) simbólica entre a Pulsão de morte e a Psicossomática. Em busca do lugar operante do Sonho e do seu fracasso enquanto sintoma na citação evocada de Joyce MacDougall.

Socorro-mo aqui da evocação da metáfora psicanalítica de Borges na qual o mundo (Real) pode ser visto simultaneamente como um Labirinto (representação do Imaginário) e uma Biblioteca (representação do Simbólico). Trata-se de uma representação dos jardins que se bifurcam entre uma dimensão imaginária e um *Logos*.

A história do sujeito apresenta-se através da ligação entre o imaginário e o simbólico, como num sintoma ou num sonho, como modo de realização do desejo. Nas manifestações de amor--próprio e do narcisismo, tal como o *Self* e o seu duplo, o Falso/*Self.*

Como seguir essa História de um sonho para além do sucesso ou do fracasso? Talvez procurando uma saída no Labirinto ou procurando o Livro que contém todos os livros na Biblioteca?

Finalmente a autora introduz-nos num espaço mágico, a Vídeo-Hologramoteca, espaço onde os leitores podem encontrar e falar diretamente com os grandes autores. Fica aqui uma derradeira questão para o leitor desprevenido: estamos preparados para entrar na dimensão intemporal e intersubjetiva do inconsciente?

Assim nos faz crer a autora através da entrevista imaginária com Winnicott, num diálogo vivo que nos desafia a atravessar os desfiladeiros da descoberta analítica.

Este livro é um desafio que nos faz crer que sim.

NOTA BIOGRÁFICA

Maria José Martins de Azevedo (Lisboa, 1959) é psicóloga clínica, psicoterapeuta e psicanalista, exercendo a prática privada desde a década de 1980. É Membro Titular em Psicoterapia pela Sociedade Portuguesa de Psicologia Clínica, Membro da Sociedade Portuguesa de Psicanálise, Membro da *International Psychoanalytical Association*, da *European Psychoanalytical Federation* e da *Société Européenne pour la Psychanalyse de l'Enfant et de l'Adolescent*, em cujas atividades científicas participa regularmente. Membro Especialista em Psicologia Clínica e da Saúde e Membro Especialista da Educação; possui ainda as especialidades avançadas em Psicoterapia, em Psicologia Comunitária e em Intervenção Precoce pela Ordem dos Psicólogos Portugueses. Exerceu clínica no meio institucional da saúde mental com crianças, adolescentes, adultos e famílias no Centro de Saúde Mental Infantil de Lisboa, Hospital de Dona Estefânia, e no Hospital Júlio de Matos; no meio institucional de solidariedade social, na Santa Casa da Misericórdia de Lisboa, com bebés, crianças e famílias de risco e intervenção preventiva em saúde mental. Foi docente de profissionais de educação no Instituto Piaget; docente de psicologia de Rorschach e de Métodos Projetivos no Instituto

Superior de Psicologia Aplicada (ISPA); docente de Psicologia da Arte no Instituto de Arte e Design (IADE). Foi fundadora e membro dos corpos gerentes da Sociedade Portuguesa de Rorschach e Métodos Projetivos, da Associação de Psicoterapia Psicanalítica na Infância e nos Jovens e fundadora honorária da Sociedade Portuguesa de Psicologia Clínica. É Membro Especialista em Diagnóstico Psicológico e em Psicoterapia; Formadora e Supervisora da Sociedade Portuguesa de Psicologia Clínica naquelas áreas de especialidade, ministrando os seminários de *Psicoterapia vs. Psicanálise*, *Experiência e Transformação Psíquica*, o Seminário Clínico/Temático *A Relação Precoce Mãe-Bebé* e um *Seminário Clínico sobre Crianças e Adolescentes*. É formadora na Sociedade Portuguesa de Psicanálise onde ministra dois seminários sobre a obra de Melanie Klein, intitulados *Klein 1* (obrigatório) e *Klein 2* (opcional) e dois seminários sobre a obra de Donald Meltzer, intitulados *Meltzer 1* e *Meltzer 2*; participa nos Seminários Clínicos de apresentação das memórias dos candidatos finalistas em Psicanálise. Tem artigos publicados na *Revista Portuguesa de Psicanálise*, na revista *Kairos*, na revista *Cidade Solidária* e no jornal on-line *Rua Direita*, *www.ruadireita.pt*, tendo também participado com comunicações em diversos congressos nacionais e internacionais da especialidade.

É autora dos seguintes livros de psicanálise: *A Oficina do Psicanalista – Ensaios sobre a experiência psicanalítica* (2017); *Ressurreição – O lugar do futuro e a função esperançadora do objeto* (2021). Assina com o seu nome literário, Maria José Vera, os seguintes títulos: *As Transgressões do Amor* (2016), romance de cariz psicanalítico, obra também publicada no Brasil (2020);

O Complexo de Lúcifer – Ensaio sobre a condição do homem contemporâneo: civilização e barbárie (2018), o seu segundo livro de ensaio situado na esfera do literário no qual prevalece a visão psicanalítica. Em 2021 publica, também com o seu nome literário, o seu primeiro livro infantil intitulado *As Aventuras da Tininha na Pandemia*, cujo conteúdo aborda o tema do desmame. Tem os seus livros traduzidos em francês, inglês e romeno.